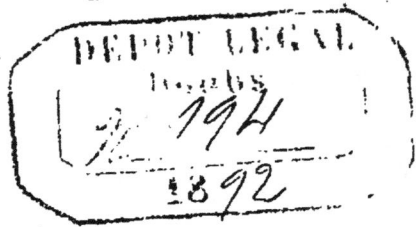

RECUEIL

DE

CHANTS & CANTIQUES

POPULAIRES

RECUEIL

DE

CHANTS & CANTIQUES

# POPULAIRES

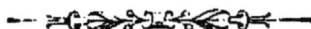

BESANÇON

IMPRIMERIE ET LITHOGRAPHIE DE PAUL JACQUIN

Grande-Rue, 14

—

1892

Permis d'imprimer.

Besançon, le 25 mars 1892.

✝ Arthur-Xavier.

A L'ESPRIT-SAINT

No 1. — Veni, creator Spiritus

1. Veni, creator Spiritus,
   Mentes tuorum visita,
   Imple superna gratia
   Quæ tu creasti pectora.

2. Qui diceris Paraclitus,
   Altissimi donum Dei,
   Fons vivus, ignis, caritas,
   Et spiritalis unctio.

3. Tu septiformis munere,
   Digitus paternæ dexteræ,
   Tu rite promissum Patris
   Sermone ditans guttura.

4. Accende lumen sensibus,
   Infunde amorem cordibus,
   Infirma nostri corporis
   Virtute firmans perpeti.

5. Hostem repellas longius,
   Pacemque dones protinus ;
   Ductore sic te prævio,
   Vitemus omne noxium.

6. Per te sciamus da Patrem,
   Noscamus atque Filium ;
   Teque utriusque Spiritum
   Credamus omni tempore.

7. Deo Patri sit gloria,
   Ejusque soli Filio,
   Cum Spiritu Paraclito,
   Nunc et per omne sæculum.
   Amen.

No 2. — Esprit-Saint....

Invocation

REFRAIN

Esprit-Saint, descendez en nous ; *(bis)*
Embrasez notre cœur de vos feux les plus doux. *(bis)*

1. Sans vous, notre vaine prudence
   Ne peut, hélas ! que s'égarer.
   Ah ! dissipez notre ignorance, *(bis)*
   Esprit d'intelligence,
   Venez nous éclairer.

Esprit-Saint, etc.

2. Le noir enfer, pour nous livrer la guerre,
   Se réunit au monde séducteur.
   Tout est pour nous embûches sur la terre ;
   Soyez notre libérateur. *(bis)*

Esprit-Saint, etc.

2. Enseignez-nous la divine sagesse ;
   Seule elle peut nous conduire au bonheur.
   Dans ses sentiers, qu'heureuse est la jeunesse,
   Qu'heureuse est la vieillesse !

Esprit-Saint, etc.

No 3. — Quel feu s'allume dans mon cœur ?

Confirmation

1. Quel feu s'allume dans mon cœur ?
   Quel Dieu vient habiter mon âme ?
   A son aspect consolateur
   Et je m'éclaire et je m'enflamme.
   Je t'adore, Esprit Créateur.

REFRAIN

Parais, Dieu de lumière,
Et viens renouveler la face de la terre.

2. Je vois mille ennemis divers
   Conjurer ma perte éternelle ;
   J'entends tous leurs complots pervers.
   Dieu, romps leur trame criminelle ;
   Qu'ils retombent dans les enfers.

3. Quels sont ces profanes accents,
   Ces cris et ces pompeuses fêtes ?
   De Baal ce sont les enfants ;
   De fleurs ils couronnent leurs têtes,
   Que va frapper la faux du temps.

4. Voyez comme les insensés
   Dansent sur leur tombe entr'ouverte !
   La mort les suit à pas pressés :
   En riant ils vont à leur perte.
   Dieu regarde : ils sont dispersés.

5. Quoi ! pour un instant de plaisir,
   Mon Dieu, j'oublierais ta loi sainte !
   Dans l'égarement du désir,
   Je pourrais vivre sans ta crainte !
   Non, mon Dieu, non, plutôt mourir.

6. Un jour pur reluit à mes yeux ;
   Dieu de clarté, je t'en rends grâce,
   Je vois fuir l'esprit ténébreux ;
   La foi dans mon cœur prend sa place,
   Tous mes désirs sont pour les cieux.

7. Chrétien par amour et par choix,
   Et fier de ton ignominie,
   Je t'embrasse, ô divine croix !
   Je t'embrasse avec ta folie
   Dont j'osai rougir autrefois.

8. Loin de moi, vains ajustements !
   A mon Dieu vous faites injure.
   Délices des cœurs innocents,
   Que la pudeur soit ma parure.
   Esprit-Saint, guide tous mes sens.

9. Si, quelques moments égaré,
   Je te fuyais, beauté divine,
   Allume en mon cœur déchiré,
   Allume une guerre intestine ;
   Du remords qu'il soit dévoré.

10. Ah ! plutôt, règne, Dieu d'amour,
    Sur ce cœur devenu ton temple ;
    Que je t'honore dès ce jour :
    Que mon œil charmé te contemple
    Dans l'éclat du divin séjour.

SUJETS GÉNÉRAUX

N° 4. — Ps. 50. Miserere

Miserere mei, Deus *, secundum magnam misericordiam tuam.

Et secundum multitudinem miserationum tuarum *, dele iniquitatem meam.

Amplius lava me ab iniquitate mea *, et a peccato meo munda me.

Quoniam iniquitatem meam ego cognosco *, et peccatum meum contra me est semper.

Tibi soli peccavi, et malum coram te feci * : ut justificeris in sermonibus tuis, et vincas cum judicaris.

Ecce enim in iniquitatibus conceptus sum *, et in peccatis concepit me mater mea.

Ecce enim veritatem dilexisti * : incerta et occulta sapientiæ tuæ manifestasti mihi.

Asperges me hyssopo et mundabor *, lavabis me, et super nivem dealbabor.

Auditui meo dabis gaudium et lætitiam *, et exultabunt ossa humiliata.

Averte faciem tuam a peccatis meis *, et omnes iniquitates meas dele.

Cor mundum crea in me, Deus *, et spiritum rectum innova in visceribus meis.

Ne projicias me a facie tua *, et spiritum sanctum tuum ne auferas a me.

Redde mihi lætitiam salutaris tui *, et spiritu principali confirma me.

Docebo iniquos vias tuas *, et impii ad te convertentur.

Libera me de sanguinibus Deus, Deus salutis meæ *, et exultabit lingua mea justitiam tuam.

Domine, labia mea aperies *, et os meum annuntiabit laudem tuam.

Quoniam si voluisses sacrificium, dedissem utique *; holocaustis non delectaberis.

Sacrificium Deo spiritus contribulatus * : cor contritum et humiliatum, Deus, non despicies.

Benigne fac, Domine, in bona voluntate tua Sion *, ut ædificentur muri Jerusalem.

Tunc acceptabis sacrificium justitiæ, oblationes et holocausta * : tunc imponent super altare tuum vitulos.

Gloria Patri....

ỳ. Domine, non secundum peccata nostra facias nobis.
℞. Neque secundum iniquitates nostras retribuas nobis.

ỳ. Parce, Domine, parce populo tuo.
℞. Ne in æternum irascaris nobis.

***

N° 5. — Il n'est pour moi

Dieu seul

1. Il n'est pour moi qu'un seul bien sur la terre,
Et c'est Dieu seul; Dieu seul est mon trésor.
Dieu seul, Dieu seul allège ma misère,
Et vers Dieu seul mon cœur prendra l'essor.
    Je bénis sa tendresse
    Et répète sans cesse
Ce cri d'amour, cet élan d'un grand cœur :
Dieu seul, Dieu seul, voilà le vrai bonheur! (*bis*)

2. Dieu seul, Dieu seul guérit toute blessure,
Dieu seul, Dieu seul est un puissant secours;
Dieu seul suffit à l'âme droite et pure,
Et c'est Dieu seul qu'elle cherche toujours.
    Répétons, ô mon âme,
    Ce chant qui seul enflamme,
Ce cri d'amour, cet élan d'un grand cœur :
Dieu seul, Dieu seul, voilà le vrai bonheur. (*bis*)

3. Quel déplaisir pourra jamais atteindre
Cet heureux cœur que Dieu seul peut charmer?
Grand Dieu! quels maux ce cœur pourra-t-il craindre?
Il n'en est point pour qui sait vous aimer.

Aimer un si bon Père,
C'est commencer sur terre
Ce chant d'amour de la sainte cité :
Dieu seul, Dieu seul pour une éternité ! *(bis)*

N° 6. — Le Ciel en est le prix

Le Ciel

REFRAIN

Le Ciel *(ter)* en est le prix.
Le Ciel *(ter)* en est le prix.

1. Le Ciel en est le prix !
Que ces mots sont sublimes !
Des plus belles maximes
Voilà tout le précis.

2. Le Ciel en est le prix !
Mon âme prends courage ;
Ah ! si dans l'esclavage
Ici-bas tu gémis,

3. Le Ciel en est le prix !
Amusement frivole,
De grand cœur je t'immole
Au pied du Crucifix.

4. Le Ciel en est le prix !
La loi demande-t-elle,
Fût-ce une bagatelle,
N'importe, j'obéis.

5. Le Ciel en est le prix !
Un rien, Seigneur, vous charme ;
Que faut-il ? Une larme....
Qui n'en serait surpris ?

6. Le Ciel en est le prix !
Rends pour moi ce service....
Fais-moi ce sacrifice....
Dieu parle : J'y souscris.

7. Le Ciel en est le prix !
Endurons cette injure :
L'amour-propre en murmure,
Mais tout bas je lui dis :

8. Le Ciel en est le prix !
Dans l'éternel empire
Qu'il sera doux de dire :
Tous mes maux sont finis !

N° 7. — Sainte cité

Même sujet

1. Sainte cité, demeure permanente,
Sacré palais qu'habite le grand Roi,
Où doit un jour régner l'âme innocente,
Quoi de plus doux que de penser à toi !

REFRAIN

O ma patrie !
O mon bonheur !
Toute ma vie,
Sois le vœu de mon cœur ! *(bis)*

2. Dans tes parvis tout n'est plus qu'allégresse ;
C'est un torrent des plus chastes plaisirs :
On ne ressent ni peine ni tristesse,
On ne connaît ni plaintes ni soupirs.

3. Tes habitants ne craignent plus d'orage,
Ils sont au port, ils y sont pour jamais ;
Un calme entier devient leur doux partage ;
Dieu dans leur cœur verse un fleuve de paix.

4. De quel éclat ce Dieu les environne !
Ah ! je les vois tout brillants de clarté ;
Rien ne saurait y flétrir leur couronne :
Leur vêtement est l'immortalité.

5. Beauté divine, ô beauté ravissante !
Tu fais l'objet du suprême bonheur.
Oh ! quand naîtra cette aurore brillante
Où nous pourrons contempler ta splendeur ?

6. Puisque Dieu seul est notre récompense,
Qu'il soit aussi la fin de nos travaux.
Dans cette vie, un moment de souffrance
Mérite au ciel un éternel repos.

No 8. — Crois un Dieu

Doctrine

1. Crois un Dieu créateur du ciel et de la terre,
Qui conserve et gouverne en maître l'univers ;
Infini, juste et bon, de l'homme il est le père,
Réserve aux bons le Ciel, aux méchants les enfers.

REFRAIN, *à volonté*

Oui, Seigneur, nous croyons ces vérités divines ;
Mais daignez augmenter cette foi dans nos cœurs,

Nul ne sera sauvé s'il ne tient ces doctrines,
Et ne s'efforce en tout d'y conformer ses mœurs.

2. Crois de la Trinité le mystère suprême :
Trois personnes en Dieu : Père, Fils, Saint-Esprit;
Ils sont tous trois égaux; leur nature est la même.
L'Eglise notre mère ainsi de Dieu l'apprit.

3. Pour laver dans son sang la tache originelle,
Crois que le Fils de Dieu pour nous s'est incarné.
Sans Jésus, l'homme était à la mort éternelle,
Par le péché d'Adam justement condamné.

4. Conçu du Saint-Esprit, né d'une vierge-mère,
Humble, pauvre et soumis, parmi nous il vécut,
Guérit nos maux, prêcha l'Evangile à la terre,
Et pour nous racheter, sur la croix il mourut.

5. Mais bientôt, sur la mort remportant la victoire,
A la droite du Père il monta dans le ciel.
Un jour, nous le verrons descendre plein de gloire,
Pour prononcer à tous notre arrêt éternel.

6. Le Père t'a créé par sa toute-puissance;
Le Fils, pour te sauver, a versé tout son sang;
L'Esprit-Saint, de ses dons t'accordant l'abondance,
Rend ton cœur juste et saint, de Dieu te fait l'enfant.

7. Adresse au Ciel une humble et constante prière;
Sans la grâce, à tout bien nous sommes impuissants.
De Jésus, par Marie, obtiens force et lumière,
Et surtout avec foi recours aux sacrements.

8. Dieu, du plus grand pécheur reçoit la pénitence :
Reviens humble et contrit; sois franc dans tes aveux;
Sois ferme en ton propos; sauve ton innocence
De toute occasion, de tout mal dangereux.

9. Pour haïr ton péché, songe aux maux qu'il amène;
Monte au Ciel en esprit, vois quel trône tu perds;
Descends, et des damnés vois l'éternelle peine;
Viens au Calvaire, et là, verse des pleurs amers.

10. Dans la communion, Dieu t'offre en nourriture
Son corps, son sang, son âme et sa divinité.
S'il change ici pour toi les lois de la nature,
Il veut que ce banquet soit par toi fréquenté.

11. Crois encor qu'ici-bas il a fondé l'Eglise ;
De son Esprit divin il l'assiste toujours.
Comme à son chef suprême, au Pape il l'a soumise,
Avec elle il sera jusqu'à la fin des jours.

12. Souviens-toi que pour lui Dieu t'a mis sur la terre.
Le temps fuit, la mort vient, et puis l'éternité....
Ou le Ciel, ou l'enfer, au bout de ta carrière....
Connais, aime et sers Dieu : le reste est vanité.

N° 9. — Un seul Dieu

Morale

1. Un seul Dieu tu adoreras
Et aimeras parfaitement.
2. Dieu en vain tu ne jureras
Ni autre chose pareillement.

Refrain

Et dans ton cœur, pour ton bonheur,
Garde la loi de ton Seigneur. *(bis)*
Vive le Seigneur dans tous les cœurs !

3. Les dimanches tu garderas
En servant Dieu dévotement.
4. Tes père et mère honoreras
Afin de vivre longuement.
5. Homicide point ne seras
De fait ni volontairement.
6. Luxurieux point ne seras
De corps ni de consentement.
7. Le bien d'autrui tu ne prendras
Ni retiendras à ton escient.
8. Faux témoignage ne diras
Ni mentiras aucunement.
9. La femme ne convoiteras
De ton prochain aucunement.
10. Biens d'autrui ne désireras
Pour les avoir injustement.

No 10. — Je n'ai qu'une âme

Le salut

1. En vain Satan, le monde et la nature
   Par leurs attraits veulent me captiver ;
   J'aime mon Dieu plus que la créature,
   Je n'ai qu'une âme, et je veux la sauver.

   REFRAIN

   Je n'ai qu'une âme
   Qu'il faut sauver ;
   De l'éternelle flamme   { *bis.*
   Je veux la préserver.   {

2. Je crains, hélas ! la perte de cette âme.
   Pour la sauver, je saurai tout braver,
   Pourvu que Dieu m'embrase de sa flamme ;
   Je n'ai qu'une âme, et je veux la sauver.

3. Que les mortels ont peu d'intelligence,
   Quand de la terre ils ne font que rêver !
   En auront-ils toujours la jouissance ?
   Je n'ai qu'une âme, et je veux la sauver.

4. Comment peut-on, pour un moment d'ivresse,
   Par le démon se laisser enlacer ?
   Que de regrets suivront cette faiblesse !
   Je n'ai qu'une âme, et je veux la sauver.

5. Quand tout le monde, enivré par le vice,
   Pour les enfers se ferait enrôler,
   Pour moi, du feu je crains trop le supplice ;
   Je n'ai qu'une âme, et je veux la sauver.

6. Reine du Ciel, ô ma Mère chérie,
   De tout péché daignez me préserver.
   Priez pour moi, bonne et tendre Marie !
   Je n'ai qu'une âme, et je veux la sauver.

No 11. — Nous voulons Dieu

Protestation

1. Marie, ô Vierge immaculée,
Guide assuré du pèlerin,
Refuge de l'âme brisée,
Conduis nos pas dans le chemin.

REFRAIN

Bénis, ô tendre Mère,
Ce cri de notre foi :
« Nous voulons Dieu, c'est notre Père, ⎱ *bis.*
Nous voulons Dieu, c'est notre Roi. » ⎰

2. Nous voulons Dieu ! Ce cri de l'âme,
Que nous poussons à ton autel,
Ce cri d'amour qui nous enflamme,
Par toi qu'il monte jusqu'au Ciel.

3. Nous voulons Dieu, car les impies
Contre lui se sont soulevés,
Et dans l'excès de leurs furies,
Ils le bravent, les insensés !

4. Nous voulons Dieu dans nos familles,
Dans l'âme de nos chers enfants ;
Dieu donne la grâce à nos filles,
A nos garçons des cœurs vaillants.

5. Nous voulons Dieu dans nos écoles,
Afin qu'on enseigne à nos fils
Sa loi, ses divines paroles,
Sous le regard du crucifix.

6. Nous voulons Dieu ! Sa sainte image
Doit présider aux jugements.
Nous le voulons au mariage,
Comme au chevet de nos mourants.

7. Nous voulons Dieu dans notre armée,
Afin que nos jeunes soldats,
En défendant la France aimée,
Soient des héros dans les combats.

8. Nous voulons Dieu, pour que l'Eglise
Puisse enseigner la vérité,
Combattre l'erreur qui divise,
Prêcher à tous la charité.

9. Nous voulons Dieu! De sa loi sainte
Jurons d'être les défenseurs,
De le servir, libres, sans crainte;
Jusqu'à la mort à lui nos cœurs.

10. Nous voulons Dieu! Vierge Marie,
Prête l'oreille à nos accents.
Nous t'implorons, Mère chérie,
Viens au secours de tes enfants.

11. Nous voulons Dieu! Le Ciel se voile,
La tempête agite les flots.
Brille sur nous, ô blanche étoile,
Conduis au port les matelots.

12. Nous voulons Dieu! Que sa clémence
Exauce nos ardents désirs;
S'il faut du sang pour ta défense,
Seigneur, nous serons les martyrs.

13. Chrétiens, notre antique alliance,
Renouons-la dans ce saint lieu,
Et crions au nom de la France :
« Oui, Dieu le veut! Nous voulons Dieu! »

No 12. — Je suis chrétien

Profession de foi

REFRAIN

Je suis chrétien, voilà ma gloire,
Mon espérance et mon soutien,
Mon chant d'amour et de victoire,
Je suis chrétien, je suis chrétien.

1. Je suis chrétien : à mon baptême
L'eau sainte a coulé sur mon front;
La grâce en ce moment suprême
De mon âme a lavé l'affront.

2. Je suis chrétien : j'ai Dieu pour père,
A sa loi je veux obéir.
Avec sa grâce salutaire,
Pour lui je veux vivre et mourir.

3. Je suis chrétien : je suis le frère
De Jésus-Christ, mon Rédempteur.
L'aimer, le servir et lui plaire
Fera ma gloire et mon bonheur.

4. Je suis chrétien : je suis le temple
Du Saint-Esprit, du Dieu d'amour.
Celui que tout le Ciel contemple
Possède mon cœur sans retour.

5. Je suis chrétien : ô sainte Eglise,
Je suis devenu votre enfant.
Plein d'amour, d'une foi soumise
Je suivrai votre enseignement.

6. Je suis chrétien : j'ai pour bannière
La croix de Jésus, mon Sauveur.
Mes ennemis me font la guerre,
Et je me ris de leur fureur.

7. Je suis chrétien : sur cette terre,
Je passe comme un voyageur.
Ici-bas tout n'est que misère,
Rien ne saurait remplir mon cœur.

8. Je suis chrétien : ô ma patrie,
Beau ciel, j'irai te voir un jour.
En Dieu je trouverai la vie,
La paix, le bonheur et l'amour.

N° 13. — Goutez, âmes ferventes

La ferveur

1. Goutez, âmes ferventes,
Goûtez votre bonheur,
Mais demeurez constantes
Dans votre sainte ardeur.

Refrain

Heureux le cœur fidèle
Où règne la ferveur !
On possède avec elle
Tous les dons du Seigneur. *(bis)*

2. Elle est le vrai partage
   Et le sceau des élus ;
   Elle est l'appui, le gage,
   Et l'âme des vertus.

3. Par elle la foi vive
   S'allume dans nos cœurs,
   Et sa lumière vive
   Guide et règle nos mœurs.

4. Par elle l'espérance
   Ranime ses soupirs,
   Et croit jouir d'avance
   Des célestes plaisirs.

5. Par elle dans les âmes
   S'accroît de jour en jour
   L'activité des flammes
   Du pur et saint amour.

6. De l'âme pénitente
   Elle adoucit les pleurs,
   Et de l'âme souffrante
   Elle éteint les douleurs.

7. Sous ses heureux auspices,
   On goûte les bienfaits,
   Les charmes, les délices
   De la plus douce paix.

8. Mais sans sa vive flamme,
   Tout déplaît, tout languit ;
   Et la beauté de l'âme
   Se fane et dépérit.

No 14. — Armons-nous

Combat spirituel

REFRAIN

Armons-nous ! la voix du Seigneur
Chrétiens, au combat nous appelle.
Ah ! voyez, voyez qu'elle est belle ⎱ *bis.*
La palme promise au vainqueur ! ⎰
Elle est si noble, elle est si belle ⎱ *bis.*
La palme promise au vainqueur. ⎰

1. Tout le cours de votre existence
   N'est qu'un long et rude combat.
   L'âme ferme que rien n'abat
   Seule obtiendra la récompense.

2. Des sens la voix enchanteresse
   Veut égarer notre raîson ;
   Leurs délices sont un poison,
   Et la mort suit de près l'ivresse.

3. Chrétien, pour te rendre infidèle,
   Le monde t'offre ses honneurs ;
   Sacrifions ces biens trompeurs
   A ceux de la vie éternelle.

4. Du démon la voix menaçante
   Rugit sans cesse autour de nous :
   L'homme de foi craint peu ses coups,
   Il rit de sa rage impuissante.

5. De Jésus soldat intrépide,
   Prenez la croix pour bouclier ;
   Quel danger peut vous effrayer
   Sous une si puissante égide ?

6. Courage ! ô milice chérie !
   Courage donc jusqu'à la mort,
   Courage ! vous touchez au port,
   Voici le ciel, votre patrie !

No 15. — Marchons au combat

Même sujet

REFRAIN

Marchons au combat, à la gloire,
Marchons sur les pas de Jésus ;
Nous remporterons la victoire
Et la couronne des élus.

1. Pourquoi languir dans l'esclavage,
   Pourquoi traîner des fers honteux?
   Régner au ciel est le partage
   D'un chrétien ferme et généreux.

2. Les Anges préparent des trônes
   Au sein des célestes splendeurs ;
   Je les vois tresser les couronnes
   Qui vont ceindre les fronts vainqueurs.

3. Faisons flotter à notre tête
   L'étendard sacré de la croix ;
   Volons, volons à la conquête
   De l'empire du roi des rois.

4. O Ciel, ô ma belle patrie !
   Pour toi je dois vivre et mourir ;
   Pour toi le reste de ma vie,
   Pour toi jusqu'au dernier soupir !

No 16. — S'il le faut

Même sujet

REFRAIN

S'il le faut nous saurons souffrir,
  Nous saurons souffrir,
Plutôt que d'abjurer la loi
  Du divin Roi!
S'il le faut, nous saurons souffrir,
  Nous saurons souffrir,
  Nous saurons mourir.

1. Jurons haine au respect humain !
   Brisons cette idole fragile.
   Sur ses débris que notre main
   Elève un trône à l'Evangile.

2. Partout flottent les étendards
   Qu'arbore à nos yeux la licence ;
   Faisons briller à ses regards
   La bannière de l'innocence.

3. Vit-on jamais au champ d'honneur
   La pâleur sur le front des braves ?
   Et nous, sur les pas du Sauveur,
   Nous aurions l'âme des esclaves !

4. Nous pourrions, enfants de la foi,
   Abjurer ce titre sublime,
   Et proclamer pour notre roi
   Le fier tyran qui nous opprime !

5. Chrétiens, nous sommes tous soldats ;
   Marchons à l'éternelle gloire ;
   Quand Jésus nous mène aux combats,
   Tremblants, fuirions-nous la victoire ?

6. Seigneur, ton camp sera le mien !
   Tant qu'il coulera dans mes veines
   Quelques gouttes du sang chrétien,
   Monde, tes menaces sont vaines.

7. Divin Roi, jusqu'à mon trépas
   Mon cœur te restera fidèle ;
   Puisse ta croix, guidant mes pas,
   Me voir vivre et mourir pour elle.

N° 17. — Un Dieu vient

Invitation

1. Un Dieu vient se faire entendre,
   Quelle ineffable faveur !
   A sa voix il faut vous rendre ;
   Il vous offre le bonheur.

Refrain

Accourons, peuple fidèle,
Voici les jours du Seigneur.
Quand sa bonté nous appelle,
Ne fermons point notre cœur.

2. Reviens, brebis infidèle,
Reviens à ton bon pasteur ;
Sa tendresse te rappelle,
Endurciras-tu ton cœur ?

3. Tranquille au bord de l'abîme,
Affreuse sécurité !
Tu courais de crime en crime,
Comptant sur l'impunité.

4. Tu méritais sa vengeance ;
Mais, par un excès d'amour,
Il vient, ce Dieu de clémence,
Solliciter ton retour.

5. Il te parle en ami tendre ;
Mais pour la dernière fois,
Peut-être fait-il entendre
Les doux accents de sa voix.

6. Quel bonheur inestimable,
Si, plein d'un vrai repentir,
De ton état déplorable,
Pécheur, tu voulais sortir !

7. Vois l'enfer, vois ces abîmes,
Vois ces gouffres destinés
Moins pour y punir des crimes
Que des pécheurs obstinés.

8. Que faut-il donc que je fasse ?
Seigneur, oui, mon cœur est prêt ;
Subjugué par votre grâce,
Je cède à son doux attrait.

No 18. — Hélas ! quelle douleur

Pénitence

1.
Hélas !
Quelle douleur
Remplit mon cœur,
Fait couler mes larmes !
Hélas !
Quelle douleur
Remplit mon cœur
De crainte et d'horreur !
Autrefois,
Seigneur sans alarmes,
De tes lois
Je goûtais les charmes.
Hélas !
Vœux superflus,
Beaux jours perdus,
Vous ne serez plus !

2.
La mort
Déjà me suit,
O triste nuit !
Déjà je succombe.
La mort
Déjà me suit ;
Le monde fuit,
Tout s'évanouit.
Je la vois
Entr'ouvrant ma tombe,
Et sa voix
M'appelle, et j'y tombe.
O mort !
Cruelle mort !
Si jeune encor !
Quel funeste sort !

3.
Frémis,
Ingrat pécheur,
Un Dieu vengeur,
D'un regard sévère,

Frémis,
Ingrat pécheur,
Un Dieu vengeur
Va sonder ton cœur.
Malheureux !
Entends son tonnerre ;
Si tu peux,
Soutiens sa colère,
Frémis,
Seul aujourd'hui,
Sans nul appui,
Parais devant lui.

4.
Grand Dieu !
Quel jour affreux
Luit à mes yeux !
Quel horrible abîme !
Grand Dieu !
Quel jour affreux
Luit à mes yeux !
Quels lugubres feux !
Oui, l'enfer,
Vengeur de mon crime,
Est ouvert,
Attend sa victime,
Grand Dieu !
Quel avenir !
Pleurer, gémir,
Toujours te haïr !

5.
Beau Ciel !
Je t'ai perdu,
Je t'ai vendu
Par de vains caprices.
Beau Ciel !
Je t'ai perdu,
Je t'ai vendu ;
Regret superflu.

Loin de toi
Toutes tes délices
Sont pour moi
De nouveaux supplices.
Beau Ciel!
Toi que j'aimais,
Qui me charmais,
Ne te voir jamais!

6.   O vous,
Enfants pieux,
Toujours joyeux
Et pleins d'espérance!
O vous,
Enfants pieux,
Toujours joyeux!
Moi seul malheureux!
J'ai voulu
Sortir de l'enfance;
J'ai perdu
L'aimable innocence.
O vous,
Du Ciel un jour,
Heureuse cour!
Adieu, sans retour!

7.   Non, non,
C'est une erreur.
Dans mon malheur,
Hélas! je m'oublie.

Non, non,
C'est une erreur;
Dans mon malheur,
Je trouve un Sauveur.
Il m'entend,
Me réconcilie;
Dans son sang
Je reprends la vie.
Non, non,
Je l'aime encor,
Et le remord
A changé mon sort.

8.   Jésus!
Manne des cieux,
Pain des heureux,
Mon cœur te réclame.
Jésus!
Manne des cieux,
Pain des heureux,
Viens combler mes vœux.
Désormais,
Ta divine flamme
Pour jamais
Embrase mon âme.
Jésus!
O mon Sauveur!
Fais de mon cœur
L'éternel bonheur!

Nº 19. — J'engageai ma promesse

Vœux du baptême

1. J'engageai ma promesse au baptême,
Mais pour moi d'autres firent serment.
Dans ce jour, je vais parler moi-même,
Je m'engage aujourd'hui librement.
Je m'engage, etc.

2. Je crois donc en un Dieu trois personnes ;
   De mon sang je signerais ma foi.
   Faible esprit, vainement tu raisonnes,
   Je m'engage à le croire et je crois.
     Je m'engage, etc.

3. A la foi de ce premier mystère,
   Je joindrai la foi d'un Dieu Sauveur.
   Sous les lois de l'Eglise, ma mère,
   Je m'engage et d'esprit et de cœur.
     Je m'engage, etc.

4. Sur les fonts, dans une eau salutaire,
   Pour enfant, Dieu daigna m'adopter ;
   Si j'en ai souillé le caractère,
   Je m'engage à le mieux respecter.
     Je m'engage, etc.

5. Je renonce aux pompes de ce monde,
   A la chair, à tous ses vains attraits ;
   Loin de moi, Satan, esprit immonde,
   Je m'engage à te fuir pour jamais.
     Je m'engage, etc.

6. Oui, mon Dieu, votre seul Evangile
   Réglera mon esprit et mes mœurs ;
   Dussiez-vous en gémir, chair fragile,
   Je m'engage à toutes ses rigueurs.
     Je m'engage, etc.

7. Ah ! Seigneur, qui sait bien vous connaître
   Sent bientôt que votre joug est doux ;
   C'en est fait, je n'ai point d'autre maître,
   Je m'engage à ne servir que vous.
     Je m'engage, etc.

8. Sur vos pas, ô mon divin modèle,
   Plus heureux qu'à la suite des rois,
   Plein d'horreur pour ce monde infidèle,
   Je m'engage à porter votre croix.
     Je m'engage, etc.

9. Si le ciel d'un moment de souffrance
   Doit, Seigneur, être le prix un jour,
   Animé par cette récompense,
   Je m'engage à tout pour votre amour.
     Je m'engage, etc.

10. Puisqu'enfin, dans le Ciel, ma patrie,
De mes biens vous serez le plus doux,
Dès ce jour, et pour toute ma vie,
Je m'engage et je suis tout à vous.
Je m'engage, etc.

N° 20. — Je viens, mon Dieu

Même sujet

1. Je viens, mon Dieu, ratifier moi-même
Ce que pour moi l'on promit autrefois.
Les vœux sacrés pour moi faits au baptême,
Je veux qu'ils soient aujourd'hui de mon choix.

REFRAIN

Je te renonce, ô prince tyrannique,
Cruel Satan, perfide usurpateur ;
Je te déteste, et mon désir unique
Est d'obéir aux lois du Créateur.

2. Je te renonce, ô péché détestable,
Poison mortel, malgré tous tes attraits ;
Oui, tu deviens à mon cœur haïssable,
Dès que je sais qu'à mon Dieu tu déplais.

3. Je vous renonce, ô maximes mondaines ;
Loin de mon cœur, monde avec ton esprit.
Avec horreur, je vois tes pompes vaines,
Et je m'attache à suivre Jésus-Christ.

4. De tout mon cœur, mon Dieu, je renouvelle
Ces vœux sacrés ; je les fais pour toujours.
Et je promets d'être toujours fidèle
A les garder, avec votre secours.

5. Vous m'avez mis au rang inestimable
De vos enfants, ô Père tout-puissant !
Je veux pour vous, ô Père tout aimable,
Avoir la crainte et l'amour d'un enfant.

6. Divin Jésus, je promets de vous suivre ;
D'être à vous seul je me fais une loi,
Non, ce n'est plus pour moi que je veux vivre ;
Comme mon chef, vous seul vivez en moi.

7. Esprit divin, remplissez-moi sans cesse ;
   Animez-moi, Dieu sanctificateur ;
   Et qu'à jamais, fidèle à ma promesse,
   Je vous conserve au milieu de mon cœur.

Nᵒ 21. — Quand Jésus vint

Les ouvriers

1. Quand Jésus vint sur la terre,
   Ce fut pour y travailler ;
   Il voulut, touchant mystère,
   Comme nous être ouvrier.

REFRAIN

Espérance
De la France,
Ouvriers, soyez chrétiens !
Que votre âme
Soit de flamme
Pour le Maître de tous biens.

2. Le travail, ô divin Maître !
   Est par vous transfiguré ;
   L'atelier, tel qu'il doit être,
   Vaut mieux qu'un palais doré.

3. Vous avez mis votre empreinte,
   O Jésus ! sur nos outils ;
   Et vous écoutez la plainte
   Du dernier des apprentis.

4. Nous savons que le dimanche
   Le travail doit s'arrêter ;
   Et lorsque notre âme est blanche,
   Jésus vient la visiter.

5. Nous prions pour la patrie,
   Pour l'Eglise et pour son chef.
   Notre cœur est à Marie ;
   Notre cœur est à Joseph !

A L'EUCHARISTIE

N° 22. — O salutaris

O salutaris hostia,
Quæ cœli pandis ostium,
Bella premunt hostilia,
Da robur, fer auxilium.

Uni trinoque Domino
Sit sempiterna gloria,
Qui vitam sine termino
Nobis donet in patria. Amen.

N° 23. — Pange lingua

Pange, lingua, gloriosi
Corporis mysterium,
Sanguinisque pretiosi,
Quem in mundi pretium
Fructus ventris generosi
Rex effudit gentium.

Nobis datus, nobis natus,
Ex intacta Virgine,
Et in mundo conversatus,
Sparso verbi semine,
Sui moras incolatus
Miro clausit ordine.

In supremæ nocte cœnæ
Recumbens cum fratribus,
Observata lege plene
Cibis in legalibus,
Cibum turbæ duodenæ
Se dat suis manibus.

Verbum caro panem verum
Verbo carnem efficit,
Fitque sanguis Christi merum;
Et si sensus deficit,
Ad firmandum cor sincerum
Sola fides sufficit.

Tantum ergo Sacramentum
Veneremur cernui,
Et antiquum documentum
Novo cedat ritui :
Præstet fides supplementum
Sensuum defectui.

Genitori Genitoque
Laus et jubilatio :
Salus honor, virtus quoque
Sit et benedictio;
Procedenti ab utroque
Compar sit laudatio. Amen.

ỳ. Panem de cœlo præstitisti eis.
℟. Omne delectamentum in se habentem.

N⁰ 24. — Jesu, dulcis memoria

1. Jesu, dulcis memoria,
   Dans vera cordis gaudia;
   Sed super mel et omnia
   Ejus dulcis præsentia.

2. Nil canitur suavius,
   Nil auditur jucundius,
   Nil cogitatur dulcius
   Quam Jesus Dei Filius.

3. Jesu, spes pœnitentibus!
   Quam pius es petentibus,
   Quam bonus te quærentibus,
   Sed quid invenientibus!

4. Nec lingua valet dicere,
   Nec littera exprimere,

2*

Expertus potest credere
Quid sit Jesum diligere.

5. Sis Jesu nostrum gaudium,
Qui es futurus præmium;
Sit nostra in te gloria
Per cuncta semper sæcula. Amen.

N° 25. — Litanies du saint Nom de Jésus

Kyrie, eleison,
Christe, eleison.
Kyrie, eleison.
Jesu, audi nos.
Jesu, exaudi nos.
Pater de cœlis Deus, miserere
Fili redemptor mundi Deus,
Spiritus sancte Deus,
Sancta Trinitas unus Deus,
Jesu Fili Dei vivi,
Jesu splendor Patris,
Jesu candor lucis æternæ,
Jesu rex gloriæ,
Jesu sol justitiæ,
Jesu fili Mariæ virginis,
Jesu amabilis,
Jesu admirabilis,
Jesu Deus fortis,
Jesu Pater futuri sæculi,
Jesu magni consilii Angele,
Jesu potentissime,
Jesu patientissime,
Jesu obedientissime,
Jesu mitis et humilis corde,
Jesu amator castitatis,
jesu amator noster,
Jesu Deus pacis,
Jesu auctor vitæ,
Jesu exemplar virtutum,
Jesu zelator animarum,

Miserere nobis.

Jesu Deus noster,
Jesu refugium nostrum,
Jesu pater pauperum,
Jesu thesaurus fidelium,
Jesu bone Pastor,
Jesu lux vera,
Jesu sapientia æterna,
Jesu bonitas infinita,
Jesu via et vita nostra,
Jesu gaudium Angelorum,
Jesu rex Patriarcharum,
Jesu magister Apostolorum,
Jesu doctor Evangelistarum,
Jesu fortitudo Martyrum,
Jesu lumen Confessorum,
Jesu puritas Virginum,
Jesu corona sanctorum omnium,

Miserere nobis.

Propitius esto, parce nobis, Jesu.
Propitius esto, exaudi nos, Jesu.
Ab omni malo, libera nos, Jesu.
Ab omni peccato,
Ab ira tua,
Ab insidiis diaboli,
A spiritu fornicationis,
A morte perpetua,
A neglectu inspirationum tuarum,

Libera nos, Jesu.

Per mysterium sanctæ In-
carnationis tuæ,
Per nativitatem tuam,
Per infantiam tuam,
Per divinissimam vitam tuam,
Per labores tuos,
Per agoniam et passionem tuam,
Per crucem et derelictionem tuam,
Per languores tuos,
Per mortem et sepulturam tuam,

Libera nos, Jesu.

Per resurrectionem tuam,
Per ascensionem tuam,
Per gaudia tua,
Per gloriam tuam, libera nos.
Agnus Dei.... parce nobis, Jesu.
Agnus Dei.... exaudi nos, Jesu.
Agnus Dei.... miserere nobis, Jesu.
Jesu, audi nos.
Jesu, exaudi nos.

Nº 26. — Bénissons à jamais

Actions de grâces

REFRAIN

Bénissons à jamais
Le Seigneur dans ses bienfaits } *bis.*

1. Bénissez-le, saints anges,
Louez sa majesté ;
Rendez à sa bonté
Mille et mille louanges.

2. Oh ! que c'est un bon Père !
Qu'il a grand soin de nous !
Il nous supporte tous
Malgré notre misère.

3. Comme un pasteur fidèle,
Sans craindre le travail,
Il ramène au bercail
Une brebis rebelle.

4. Il a brisé ma chaîne ;
Il est mon protecteur ;
Et comme un doux Sauveur,
Il soulage ma peine.

5. Il a guéri mon âme,
Comme un bon médecin ;
Comme un maître divin,
Il m'éclaire et m'enflamme.

6 Que tout loue en ma place
Un Dieu si plein d'amour,
Qui me fait chaque jour
Une nouvelle grâce.

7. Il me comble à toute heure
De grâce et de faveur ;
Dans le fond de mon cœur
Il a pris sa demeure.

8. Sa bonté me supporte,
Sa lumière m'instruit,
Sa beauté me ravit,
Son amour me transporte.

9. Dieu seul est ma tendresse,
   Dieu seul est mon soutien,
   Dieu seul est tout mon bien,
   Ma vie et ma richesse.

N° 27. — Bénissons le divin Sauveur

Même sujet

REFRAIN

Bénissons le divin Sauveur,
Publions sa tendresse,
Louons, louons sans cesse
L'amour infini de son cœur. *(bis)*

1. Voici le jour où le roi de la gloire
   M'a dévoilé ses plus charmants attraits ;
   O jour heureux, jour de sainte mémoire !
   Pourrais-je t'oublier jamais. *(bis)*

2. Du haut des cieux le Monarque suprême
   Est descendu pour moi sur cet autel ;
   Et plus encore, il s'est offert lui-même
   Pour nourrir un faible mortel. *(bis)*

3. O doux festin ! c'est son corps adorable
   Que m'a donné le Dieu de charité.
   Oui, c'est le pain vivant et véritable,
   Le pain de l'immortalité. *(bis)*

4. Je l'ai compris le don de ce mystère,
   Je l'ai senti le bienfait du Sauveur.
   Ah ! désormais, qu'aimer sur cette terre ?
   Du Ciel j'ai goûté le bonheur. *(bis)*

5. Manne sacrée ! aimable Eucharistie !
   Riche trésor de grâce et de bonté !
   Soyez ici le charme de ma vie,
   Ma gloire dans l'éternité. *(bis)*

N° 28. — Célébrons ce grand jour

Première communion

1. Célébrons ce grand jour par des chants d'allégresse ;
   Nos vœux sont enfin satisfaits.
   Bénissons le Seigneur ; publions sa tendresse,
   Chantons ses bontés, ses bienfaits.
   Pour nous, tout pécheurs que nous sommes,
   Il descend des Cieux en ce jour.
   C'est parmi les enfants des hommes
   Qu'il aime à fixer son séjour.

REFRAIN

Chantons sous ces voûtes antiques
Le Dieu qui règne sur nos cœurs.
Exaltons par de saints cantiques
Et son amour et ses faveurs. *(bis)*

2. En ce jour solennel, nourris du pain des anges,
   Bénissons-le, jeunes chrétiens.
   Chantons-le tour à tour, répétons les louanges
   Du Dieu qui nous comble de biens.
   Bon Père, à des enfants qu'il aime
   (Cieux, admirez tant de bonté)
   Il donne, en se donnant lui-même,
   Le pain de l'immortalité.

3. Quoi ! Seigneur, en tremblant l'univers te contemple,
   La terre a frémi devant toi ;
   Et du cœur d'un enfant tu veux faire ton temple !
   Et tu t'abaisses jusqu'à moi !
   Ah ! puissé-je, avant qu'infidèle,
   Je perde un si cher souvenir,
   Mourir comme la fleur nouvelle
   Cueillie avant de se flétrir.

4. Oui, Seigneur, désormais rangés sous ton empire,
   Nous y voulons vivre et mourir.
   Mais ce vœu que l'amour aujourd'hui nous inspire,
   Pouvons-nous sans toi l'accomplir ?
   C'est toi qui nous donnas la vie ;
   Que ta grâce en règle le cours.
   Que ta loi constamment suivie
   Console enfin nos derniers jours.

No 29. — Chantons les louanges

REFRAIN

Amour, amour, amour à Jésus ! *(bis)*

1. Chantons les louanges
De notre Sauveur ;
Au concert des Anges
Unissons nos cœurs.

2. O profond mystère !
Prodige d'amour !
Pour nous, de la terre
Il fait son séjour.

3. O tendresse extrême !
Il prend dans sa main
Et change en lui-même
Le pain et le vin.

4. Sous ce vil symbole
Jésus est caché.
O monde frivole,
N'es-tu point touché ?

5. Dans le tabernacle
Il veut habiter.
A ce doux miracle
Peux-tu résister ?

6. Amère tristesse
De ce bon Sauveur !
Sa grande tendresse
N'obtient que froideur.

7. Dans la solitude
(Quelle cruauté !)
Notre ingratitude
Laisse sa bonté !

8. Le pécheur l'outrage
Mille fois le jour.
Offrons-lui l'hommage
D'un sincère amour.

9. Venez, tendre enfance,
Visiter souvent
Ce Dieu d'innocence
Qui vous aime tant.

10. Venez, ô jeunesse,
Goûter la douceur
Et la pure ivresse
Du divin bonheur.

11. Venez, ô vieillesse,
Ranimer l'ardeur
De votre tendresse
Pour ce doux Sauveur.

12. Du haut de son trône
Jésus nous entend,
Gagnons la couronne
Que sa main nous tend.

Avant la Communion

13. A la table sainte
Allons nous asseoir ;
Approchons sans crainte,
Il veut nous y voir.

14. C'est là qu'il se donne
Au chrétien pieux,
Et qu'il nous pardonne
D'un cœur généreux.

15. O banquet mystique,
Dont le pain sacré
Par la manne antique
Etait figuré !

16. O vrai pain de vie,
Apaisez ma faim !
Je brûle d'envie
Pour ce doux festin.

17. Mon âme soupire
Après ce bonheur.
Mon cœur vous désire,
Aimable Sauveur!

Après la Communion

18. Quelle douce ivresse!
Jésus est en moi;
Sa main me caresse
Et j'entends sa voix.

19. Je vous remercie
De cette faveur;
Mon Dieu, je vous prie,
Acceptez mon cœur.

20. Pour toute la vie,
Je veux être à vous;
Mon âme ravie
N'aime plus que vous.

Sacrifice de la Messe

21. Sur la croix sanglante
Il mourut pour nous,
Victime touchante
Du divin courroux.

22. C'est avec délice
Qu'il s'est immolé;
Mais ce sacrifice
Est renouvelé.

23. A l'autel, le prêtre
Offre encor le sang
De ce tendre Maître
Au Dieu tout-puissant.

24. A Jésus victime
Venons nous unir;
C'est pour notre crime
Qu'il a dû mourir.

Nº 30. — Chantons Jésus

1. Chantons Jésus et sa tendresse.
Il est pour nous sur cet autel;
Remplis d'une sainte allégresse,
Accourons tous à son appel.

REFRAIN

Unis dans la prière,
Chantons tous à la fois :
Vive Jésus! c'est notre frère, ⎫
Vive Jésus! c'est notre roi. ⎭ *bis.*

2. Vive Jésus! Il nous contemple
Avec bonheur, avec amour,
Quand nous venons dans son saint temple
De vrais amis former sa cour.

3. Vive Jésus! Chantons sa gloire;
Il nous comble de ses bienfaits.
Gravons-les dans notre mémoire
Pour ne les oublier jamais.

4. Vive Jésus ! Au tabernacle,
Des plus héroïques vertus
Il offre le touchant spectacle.
Il est le maître des élus.

5. Vive Jésus ! douce victime
De nos forfaits, ingrats pécheurs.
Par lui retirés de l'abîme,
Ne lui refusons pas nos cœurs.

6. Vive Jésus ! Quand à sa table,
Il nous donne son corps, son sang,
Ah ! que pour nous il est aimable ;
Qu'ils sont doux ses embrassements !

7. Vive Jésus ! Sur le Calvaire,
Pour nous, il répandit son sang.
Gardons-nous donc de lui déplaire ;
Aimons-le d'un amour constant.

8. Vive Jésus ! Son sacrifice
Tous les jours est renouvelé,
Lorsque pendant le saint office
L'Agneau divin est immolé !

9. Vive Jésus ! Dans ce mystère,
Il demande pardon pour nous ;
Et se montrant à Dieu son Père,
Il en apaise le courroux.

10. Vive Jésus ! Sur cette terre,
Il est notre consolateur.
Entre nous et son divin Père,
Il est le seul médiateur.

11. Vive Jésus ! Dans la patrie
Il est l'incomparable époux
De l'âme qui pendant la vie
A su le préférer à tous.

N° 31. — Gloire à Jésus

1. Gloire à Jésus, Dieu de l'Eucharistie,
   A lui donnons et nos voix et nos cœurs.
   A le chanter ici tout nous convie,
   Car dans ces lieux tout redit ses grandeurs.

   REFRAIN

   O sainte hostie,
   Auprès de toi,
   Je viens puiser la vie   } *bis.*
   Et ranimer ma foi.

2. Ici, Jésus, par sa douce présence,
   Veut enflammer nos cœurs du saint amour.
   Accourons tous au jour de sa clémence
   Pour l'adorer et la nuit et le jour.

3. Peuple chrétien, en cette fête aimable
   Depuis longtemps l'objet de nos désirs,
   Agenouillés devant le tabernacle,
   N'ayons qu'un cœur pour aimer et bénir.

4. C'est lui Jésus, lumière de lumière,
   Verbe éternel dans la splendeur des cieux.
   Il s'est fait homme, et dans ce grand mystère,
   Plus humble encore, il se dérobe aux yeux.

5. Voilà son corps né d'une vierge-mère,
   Voilà son cœur percé par le bourreau.
   Corps immolé pour nous sur le Calvaire,
   Cœur qui versa des flots de sang et d'eau.

6. Jésus, mon frère et mon roi, je t'adore,
   Et sans te voir, Dieu je te reconnais ;
   Ici, toujours, le chrétien qui t'implore
   De ton amour découvre les attraits.

7. La lampe d'or qui s'épuise en silence
   Le jour, la nuit, éclaire ton autel.
   Ainsi mon cœur voudrait en ta présence
   Te répéter un cantique éternel.

8. Ecoute encore un vœu, divine Hostie :
   Que chaque jour, à tes pieds assemblé,

Ici chacun vienne puiser la vie,
Et de Jésus célébrer la bonté.

9. Que notre France, à ton amour si chère,
Ouvre son cœur aux richesses du tien,
Divin Jésus, qu'en toi seul elle espère,
Car c'est toi seul qui seras son soutien.

N° 32. — Je l'ai trouvé

Après la communion

1. Je l'ai trouvé, le seul objet que j'aime ;
Je l'ai trouvé, je ne le quitte plus.
Je le possède au milieu de moi-même.
Oui, je le tiens ; mon cœur dit : c'est Jésus.

Refrain

Oui, c'est Jésus, le trésor de la terre ;
Oui, c'est Jésus, la richesse des cieux.
C'est notre Dieu, notre ami, notre Père,
Dont la beauté ravit les bienheureux. (*bis*)

2. O doux Jésus, ô source souveraine
Des biens parfaits, des célestes faveurs,
Ah ! liez-moi d'une puissante chaîne ;
Eternisez l'union de nos cœurs.

3. Oui, je le sens, Jésus est dans mon âme ;
Par sa présence il réjouit mon cœur.
Il me console, il m'instruit, il m'enflamme,
Me fait goûter déjà le vrai bonheur.

4. Pour m'assurer cette joie ineffable,
Je n'aimerai que Jésus mon Sauveur.
Je ne verrai, hors de lui, rien d'aimable ;
Il aura seul mon esprit et mon cœur.

No 33. — Je le connais Celui que j'aime

Avant la communion

REFRAIN

Je le connais Celui que j'aime ;
Il est ici sur cet autel.
C'est mon Jésus, c'est Dieu lui-même *(bis)* } *bis.*
  Oui, c'est le roi du Ciel.

1.   O prodige d'amour !
    Que vois-je ici paraître ?
    Est-ce mon divin Maître
    Dans cet humble séjour ?
    Mais dans ce grand mystère
    C'est la foi qui m'éclaire.
Sa douce voix dit à mon cœur :
C'est ton Sauveur, c'est ton Seigneur. *(bis)*

2.   Sans éclat, sans splendeur,
    La suprême puissance
    Cache ici sa présence,
    Abaisse sa grandeur.
    Mais dans ce grand mystère
    C'est la foi qui m'éclaire,
Sa douce voix dit à mon cœur :
C'est ton Sauveur, c'est ton Seigneur. *(bis)*

3.   Voici l'heureux festin,
    Où Dieu plein de tendresse
    Se donne à ma faiblesse
    Sous le voile du pain.
    Mais dans ce grand mystère,
    C'est la foi qui m'éclaire.
Sa douce voix dit à mon cœur :
C'est ton Sauveur, c'est ton Seigneur. *(bis)*

4.   O pain venu des Cieux !
    O sainte Eucharistie !
    O salutaire hostie !
    Vous étonnez mes yeux.
    Mais dans ce grand mystère,
    C'est la foi qui m'éclaire ;
Sa douce voix dit à mon cœur :
C'est ton Sauveur, c'est ton Seigneur. *(bis)*

No 34. — Jésus divine hostie

Jésus divine hostie, ⎱
Vous êtes notre vie. ⎰ *bis.*

1. Seigneur toujours présent
   Au très saint Sacrement.

2. Dieu que nous adorons,
   Sauveur que nous aimons.

3. Mon œil dit : c'est du pain ;
   Mais ma foi n'en croit rien.

4. Quoi qu'en disent nos yeux,
   C'est le Maître des Cieux.

5. Oui, c'est le Dieu vivant,
   Oui, c'est le Tout-Puissant.

6. Cachant sa majesté,
   Il montre sa bonté !

7. Ici, pour notre amour,
   Il reste nuit et jour.

8. Payons-le de retour,
   Soyons à lui toujours.

9. Lui seul, de notre cœur
   Peut faire le bonheur.

10. De son corps, de son sang,
    Il fait notre aliment.

11. Il se donne à l'enfant,
    Il se donne au mourant.

12. Il remplit notre cœur
    D'amour et de bonheur.

13. Il est pour le cœur pur
    Un ami tendre et sûr.

14. Il s'offre chaque jour
    En victime d'amour.

15. « Venez donc tous à moi, »
    Nous dit ce divin Roi.

16. « Je calme la douleur,
    » Je rends la paix du cœur.

17. » Ne me méprisez pas,
    » Jetez-vous dans mes bras.

18. » Venez, pauvre affligé,
    » Vous serez soulagé.

19. » Ne tremble plus, pécheur,
    » Reviens à ton Sauveur.

20. » Demande-moi pardon,
    » Pour toi je serai bon.

21. » Je te promets au Ciel
    » Un bonheur éternel. »

22. O mon divin Sauveur,
    Je vous donne mon cœur.

23. Votre amour m'a touché !
    Je renonce au péché !

24. Plutôt que vous trahir,
    J'aimerais mieux mourir.

25. Des ruses de Satan
    Rendez-moi triomphant.

26. Dans les derniers combats,
    Ne m'abandonnez pas.

27. Au céleste séjour
    Daignez m'admettre un jour.

No 35. — L'encens divin

Après la communion

1. L'encens divin embaume cet asile.
   Quel doux concert ! quel chant mélodieux !
   Mon cœur se tait, et mon âme est tranquille,
   La paix du Ciel habite dans ces lieux.

REFRAIN

O pain de vie !
O mon bonheur !

L'âme ravie
Trouve en vous son bonheur. } *bis.*

2. Pour embellir le temple de mon âme,
Le Très-Haut daigne y fixer son séjour.
Je le possède, il m'inspire, il m'enflamme ;
Je l'ai trouvé, je l'aime sans retour.

3. Je vous adore au dedans de moi-même ;
Je vous contemple à l'ombre de la foi,
Mon Dieu, mon tout, ô Majesté suprême,
Je ne vis plus, mais Jésus vit en moi.

4. Que vous rendrai-je, ô Sauveur plein de charmes,
Pour tous les dons que j'ai reçus de vous ?
Prenez mon cœur et recueillez mes larmes :
C'est le tribut dont vous êtes jaloux.

5. Vous qui prenez vos plus chères délices
Parmi les lis des cœurs purs et fervents,
Mon bien-aimé, je mets sous vos auspices
Mes saints projets et mes vœux innocents.

6. Tant qu'à la nuit une aurore nouvelle
Succédera pour ramener le jour,
Je l'ai juré, je vous serai fidèle ;
Je vous promets un immortel amour.

7. Ah ! que ma langue immobile et glacée
En ce moment s'attache à mon palais,
Si dans mon cœur s'efface la pensée
De votre amour, comme de vos bienfaits.

N° 36. — Le voici l'Agneau si doux

Avant la communion

Refrain

Le voici l'Agneau si doux,
Le vrai pain des anges ;
Du ciel il descend pour nous,
Adorons-le tous.

1. C'est un tendre père,
   C'est le bon pasteur,
   Un ami sincère,
   Notre bon Sauveur.

2. Par toi, saint mystère,
   Objet de ma foi,
   Je crois, je révère
   Mon Maître et mon Roi.

3. De mon espérance
   Gage précieux,
   Viens par ta présence
   Combler tous mes vœux.

4. De ta vive flamme,
   Feu du saint amour,
   Consume mon âme
   En cet heureux jour.

5. Mais de ma misère,
   Dieu de sainteté,
   Que l'aveu sincère
   Touche ta bonté.

6. Epoux de mon âme,
   Entends mes soupirs ;
   Mon cœur te réclame,
   Remplis mes désirs.

7. Le voici, silence !
   Oh ! quelle faveur !
   Mon Jésus s'avance,
   Il est dans mon cœur.

N° 37. — Nous le verrons un jour

1. Nous le verrons un jour,
   Ce Dieu que sa tendresse
   En ce lieu de tristesse
   Tient captif nuit et jour.

REFRAIN

Au ciel, au ciel, au ciel }
Nous le verrons un jour. } *bis.*

2. Nous le verrons un jour,
Ce Jésus, notre frère,
Qui pour nous sur la terre
A fixé son séjour.

3. Nous le verrons un jour,
Cet époux de nos âmes,
Dont le cœur plein de flammes
Réclame notre amour.

4. Nous le verrons un jour,
Dans sa gloire infinie ;
Au ciel, notre patrie,
Nous formerons sa cour.

5. Nous le verrons un jour !
Cette douce promesse
Soutient notre faiblesse
Dans ce triste séjour.

6. Nous le verrons un jour,
Cet ami plein de charmes ;
Il séchera les larmes
De nos yeux pour toujours.

7. Nous le verrons un jour,
Nous l'aimerons sans cesse ;
Notre cœur d'allégresse
Débordera toujours.

N° 38. — O beau jour

Première communion

1. O beau jour, jour mémorable !
Jésus, Fils du Tout-Puissant,
Vient de sa grâce ineffable
Orner le cœur d'un enfant.

REFRAIN

Chantons tous dans l'allégresse
Le plus beau de tous nos jours.
Consacrons notre jeunesse
A Jésus-Christ pour toujours.

2. O beau jour, où l'âme pure
Goûte dans ce sacrement
Une douce nourriture,
Un précieux aliment.

3. O beau jour, jour de lumière !
Chers enfants, le Saint des Saints
Vous enrichit, vous éclaire,
Vous comble de tous ses biens.

4. O beau jour, où la jeunesse
Reçoit le Dieu des vertus,
Dans ses dangers, sa faiblesse
Ne craint rien avec Jésus.

5. O beau jour, où Jésus même
Vit et règne dans les cœurs.
Ces cœurs d'un amour extrême
Goûtent toutes les douceurs.

6. O beau jour, où l'âme entière
Sent les délices des cieux.
Les vains plaisirs de la terre
Disparaissent à ses yeux.

7. O beau jour, troupe fidèle,
Que la foi, que la candeur
D'une piété nouvelle
Embellissent votre cœur !

8. O beau jour pour la jeunesse
Qui se consacre au Seigneur !
Soyez à Jésus sans cesse ;
Qu'il règne dans votre cœur !

No 39. — Oh! que je suis heureux!

Après la communion

1.   Oh! que je suis heureux!
J'ai trouvé Celui que j'aime.
    Oh! que je suis heureux!
    Voici le Roi des Cieux!
Je le possède en moi-même,
Quoiqu'invisible à mes yeux.
    Je tiens Celui que j'aime :
    Oh! que je suis heureux?

Refrain

J'ai mon âme toute de flamme,
J'ai mon Sauveur au milieu de mon cœur!
    Grâce, grâce, grâce à l'amour   ⎫
Qui de mon Dieu triomphe en ce beau jour. ⎬ *bis*.
                                      ⎭

2.   D'où me vient ce bonheur?
    Quoi! mon Dieu me rend visite!
    D'où me vient ce bonheur?
    D'où me vient cet honneur?
Homme ingrat, je ne mérite
Que d'éprouver sa rigueur.
    Quoi! Dieu me rend visite!
    D'où me vient ce bonheur?

3.   Parlez en ma faveur
A mon Dieu, Vierge Marie;
    Parlez en ma faveur,
    Prêtez-moi votre cœur.
Qu'avec vous je glorifie
Jésus, mon Roi, mon Sauveur!
    O divine Marie!
    Parlez en ma faveur.

4.   Régnez, divin Jésus,
Dans mon cœur et mes puissances,
    Régnez, divin Jésus,
    Je ne résiste plus.
Pardonnez mes négligences,
J'en suis triste et tout confus.
Dans toutes mes jouissances
    Régnez, divin Jésus!

No 40. — O jour de grâce et de bonheur !

Avant la communion

1. O jour de grâce et de bonheur !
O jour à jamais mémorable !
Le Roi des rois, mon doux Seigneur,
M'invite à sa divine table.

REFRAIN

O magnifique honneur !
O céleste faveur !
C'est trop *(bis)* pour un pauvre pécheur. *(bis)*

2. Dans ce festin délicieux,
Quelle bonté ! quelle tendresse !
Le pain vivant descend des Cieux ;
Il vient pour nourrir ma faiblesse.

3. C'est le Bien-aimé de mon cœur
Qui fait ce prodige admirable.
Oui, c'est mon Dieu, c'est mon Sauveur,
Qui m'offre son corps adorable.

4. Devant sa sainte Majesté
Que suis-je, hélas ! cendre et poussière !
Non, non, je n'ai point mérité
Le grand bienfait de ce mystère.

5. A vos pieds, ô Roi des vertus,
Je sens ma profonde misère ;
O Dieu d'amour, ô bon Jésus !
Rendez-moi digne de vous plaire.

No 41. — O sainte Eucharistie

REFRAIN

O sainte Eucharistie,
Ma joie et mon bonheur !
Recevez pour la vie
L'hommage de mon cœur.

1. Je veux, avec les anges,
   Vous chanter chaque jour
   Un concert de louanges,
   Un cantique d'amour.

2. Dans ce doux sanctuaire,
   Au pied du saint autel,
   J'ai trouvé sur la terre
   Tous les trésors du ciel.

3. Ici du divin Maître
   J'ai goûté les attraits,
   Ah ! je sais reconnaître
   Ses aimables bienfaits.

4. Réjouis-toi, mon âme,
   Et bénis le Seigneur ;
   Et mille fois proclame
   Sa bonté, sa douceur.

5. C'est la céleste fête,
   C'est le jour des élus.
   Que tout ici répète
   Amour, gloire à Jésus.

N° 42. — Qu'ils sont aimés, grand Dieu

1. Qu'ils sont aimés, grand Dieu, tes tabernacles !
   Qu'ils sont aimés et chéris de mon cœur !
   Là tu te plais à rendre tes oracles ;
   La foi triomphe et l'amour est vainqueur.

REFRAIN

Qu'il est heureux celui qui te contemple,
Et qui soupire au pied de tes autels !
Un seul moment qu'on passe dans ton temple
Vaut mieux qu'un siècle au palais des mortels.

2. Je nage au sein des plus pures délices ;
   Le ciel entier, le ciel est dans mon cœur.
   Dieu de bonté, de faibles sacrifices
   Méritaient-ils cet excès de bonheur ?

3. Autour de moi, les anges, en silence,
   D'un Dieu caché contemplent la splendeur.
   Anéantis en sa sainte présence,
   O chérubins! enviez mon bonheur!

4. Et je pourrais, à ce monde qui passe,
   Donner un cœur par Dieu même habité!
   Non, non, mon Dieu, je puis tout par ta grâce;
   Dieu, sauve-moi de ma fragilité.

5. En souverain, règne, commande, immole.
   Règne surtout par le droit de l'amour.
   Adieu plaisirs, adieu monde frivole;
   A Jésus seul j'appartiens sans retour.

No 43. — Tu vas remplir le vœu

Avant la communion

1. Tu vas remplir le vœu de ma tendresse,
   Divin Jésus; tu vas me rendre heureux.
   O saint amour! délicieuse ivresse!
   Dans ce moment, mon âme est tout en feu.

REFRAIN

Mon cœur (*bis*) s'enflamme
Ne tarde (*bis*) plus.
Viens dans mon âme,   ⎱
O mon divin Jésus!   ⎰ *bis.*

2. Ne tarde plus, ô mon Maître adorable!
   Ne tarde plus à venir dans mon cœur.
   Rien sans Jésus ne me paraît aimable;
   Tout autre objet est pour moi sans douceur.

3. Divin Jésus, tu descends dans mon âme;
   C'est aujourd'hui le plus beau de mes jours.
   Que tout en moi se ranime et s'enflamme!
   Divin Jésus, je t'aimerai toujours.

4. Il est à moi, ce Dieu si plein de charmes,
   Mon Bien-Aimé, mon aimable Sauveur.
   Echappez-vous de mes yeux, douces larmes;
   Coulez, coulez, annoncez mon bonheur.

5. Que ce bonheur est grand, incomparable !
   Du saint amour je goûte les douceurs.
   De ce beau feu, si pur, si désirable,
   Ah ! qu'à jamais j'éprouve les ardeurs !

6. Princes, ornés du riche diadème,
   Je me rirai de votre faux bonheur. .
   C'est toi, toi seule, ô ma beauté suprême !
   Qui régneras sur mes sens et mon cœur.

N° 44. — Un chérubin dit un jour

L'ange et l'âme

L'ANGE

1. Un chérubin dit un jour à mon âme :
   Si tu savais la gloire de mon Ciel !
   Si tu voyais les purs rayons de flamme
   Que sur mon front projette l'Eternel !

L'AME

Je répondis à l'archange céleste :
Toi qui vois Dieu plus brillant que le jour,
D'un Dieu caché sur un autel modeste
   Sais-tu l'amour ? *(ter)*

REFRAIN

Enfants tous deux de la sainte patrie,
Louons ensemble un Dieu si bon pour nous,
A moi le Ciel ! — A moi l'Eucharistie !
Notre partage à tous deux est bien doux. } *bis.*

L'ANGE

2. L'ange reprit : Sais-tu ma joie immense
   De contempler en face un Dieu si beau !
   Le Ciel pour moi tous les jours recommence,
   Et tous les jours, mon bonheur est nouveau !

L'AME

Je répondis : Sais-tu ce qu'est l'Hostie,
Toi dont le cœur ne s'est point égaré ?
Près d'un Dieu bon, près de l'Eucharistie,
   As-tu pleuré ?

L'Ange

3. Le chérubin voulut parler encore :
Sais-tu, dit-il, mon aliment divin?
Servir, aimer le grand Dieu que j'adore ;
M'unir à lui, voilà mon seul festin.

L'Ame

Je répondis au lumineux archange :
Tu te nourris de la divinité;
Mais l'humble pain que j'adore et je mange,
L'as-tu goûté?

N° 45. — Vive Jésus

1. Vive Jésus! c'est le cri de mon âme ;
Vive Jésus, le maître des vertus!
Aimable nom, quand ma voix te proclame,
Mon cœur palpite, et s'échauffe et s'enflamme.
Vive Jésus ! *(bis)*

2. Vive Jésus! c'est le cri qui rallie
Sous ses drapeaux le peuple des élus.,
Suivre Jésus, c'est aussi mon envie ;
Suivre Jésus, c'est mon bien, c'est ma vie.
Vive Jésus !

3. Vive Jésus! ce cri-là me console,
Lorsque de moi le monde ne veut plus.
Adieu, lui dis-je, adieu, monde frivole ;
Bien insensé qui pour toi se désole!
Vive Jésus !

4. Vive Jésus! c'est un cri d'espérance
Pour les pécheurs repentants et confus.
Pour eux du Ciel attirant la clémence,
Ce nom sacré soutient leur pénitence.
Vive Jésus !

5. Vive Jésus! A ce cri de vaillance
Je verrai fuir les démons éperdus.
Un mot suffit pour dompter leur puissance,
Pour terrasser leur superbe insolence.
Vive Jésus !

6. Vive Jésus! cri de reconnaissance
   D'un cœur touché des biens qu'il a reçus.
   L'enfer veut-il troubler sa confiance,
   Il chante encore avec plus d'assurance :
   Vive Jésus!

7. Vive Jésus! c'est mon cri d'allégresse
   Au Dieu caché sous un pain qui n'est plus ;
   Quand, aux douceurs d'une céleste ivresse,
   Je reconnais l'objet de ma tendresse.
   Vive Jésus!

8. Vive Jésus! c'est le cri de victoire
   Qui retentit au séjour des élus.
   De leurs combats consacrant la mémoire,
   Ce nom puissant éternise leur gloire.
   Vive Jésus!

9. Vive Jésus! vive sa tendre Mère!
   Elle est aussi la mère des élus.
   Si nous voulons et l'aimer et lui plaire,
   Chantons Jésus, notre Dieu, notre frère.
   Vive Jésus!

10. Vive Jésus! Qu'en tout lieu la victoire
    Mette à ses pieds les méchants confondus!
    O nom sacré, nom cher à ma mémoire,
    Puissé-je vivre et mourir pour ta gloire!
    Vive Jésus!

AU SAINT CŒUR DE JÉSUS

N° 46. — Accourons dans l'allégresse

1. Accourons dans l'allégresse,
Comprenons notre bonheur.
Notre Dieu, plein de tendresse,
Ouvre à tous son divin cœur.

REFRAIN

Que la terre
Tout entière
Partage notre bonheur !
Qu'elle chante
Triomphante
Gloire, amour au Sacré Cœur !

2. De sa profonde blessure,
S'échappent des flots d'amour.
Jésus donne sans mesure
Ses trésors en ce beau jour.

3. O doux Cœur de notre Maître,
Que nos cœurs vivent pour toi !
Apprends-nous à te connaître,
A jamais sois notre Roi !

4. Divin Cœur, source de vie
Et trésor de sainteté,
Fais que notre âme ravie
N'aime plus que ta beauté.

5. Cœur sacré, temple adorable,
Tabernacle du Seigneur,
Sauve le monde coupable,
Sois l'asile du pécheur.

6. Désir des saintes collines,
   On te méprise ici-bas.
   Par tes tendresses divines,
   Gagne les hommes ingrats.

N° 47. — D'un cœur plongé

SOLO

1. D'un cœur plongé dans la tristesse,
   Mortel, écoute les accents :
   Je t'aime, hélas! et ma tendresse
   S'exhale en soupirs impuissants.
   Enfant ingrat, cœur inflexible,
   Mais toujours si cher à mon cœur,
   Seras-tu toujours insensible
   A mon amour, à ma douleur?

DUO

Non, non, consolez-vous, Seigneur,
De votre cœur blessé la voix attendrissante
   Dans ces jours d'opprobre et d'erreur.
Après tant de combats, sort enfin triomphante.

CHŒUR

Triomphez donc, Cœur de Jésus!
Mon cœur est enchaîné, il est votre victoire,
   Triomphez donc, Cœur de Jésus!
Vous serez à jamais mon amour et ma gloire.

SOLO

2. Il nous invite, il nous appelle,
   Nous captive par des bienfaits.
   Ah! qui de nous encor rebelle
   Ferme le cœur à tant d'attraits?
   En vous, cœur mille fois aimable,
   Notre âme a trouvé le repos,
   Et le bonheur seul véritable
   Dans vos charmes toujours nouveaux.

Duo

La paix, au sein de tous les maux,
Du cœur qui vous honore est l'heureux apanage.
Votre amour charme les travaux
Et les tristes ennuis d'un long pèlerinage.

Chœur

Triomphez, etc.

Solo

3. Signe d'amour et d'espérance,
Auguste Cœur percé pour nous !
Enfants du Ciel et de la France,
Nous nous rallions tous à vous.
Ah ! puissent nos faibles hommages
Faire oublier nos attentats !
Puissions-nous, après tant d'outrages,
Mourir plutôt que d'être ingrats !

Duo

Oui, c'en est fait, jusqu'au trépas,
Cœur sacré, par l'encens d'un faible sacrifice,
Des cœurs qui ne vous aiment pas
Nous voulons réparer la coupable injustice.

Chœur

Triomphez, etc.

Nº 48. — Emules des Anges

Refrain

Amour, amour, au cœur de Jésus. *(bis)*

1. Emules des anges,
Rivaux des élus,
Chantons les louanges
Du Cœur de Jésus.

2. Humble monastère,
Gloire de Paray,
En ton sanctuaire,
Jésus apparaît.

3. Là, dans sa tendresse,
Il montre son cœur
Rempli de tristesse
Et brûlant d'ardeur.

4. Une belle flamme
Jaillit de son sein,
Annonce et proclame
Son amour sans fin.

5. La sainte blessure
   Ouverte au côté,
   Céleste parure,
   Chante sa bonté.

6. Sanglantes épines,
   Vous percez nos cœurs
   De flèches divines
   Et de traits vainqueurs.

7. De la flamme ardente
   La croix du Sauveur
   Sort étincelante,
   Doux fruit de son cœur.

8. Une âme au saint temple,
   Instrument du ciel,
   De Jésus contemple
   Le cœur sur l'autel.

9. « Vois, ô Marguerite,
   » Lui dit le Sauveur;
   » Comprends et médite
   » L'amour de mon cœur.

10. » Aux grands témoignages
    » Du divin amour,
    » Qui donne des gages
    » De quelque retour?

11. » De ton monastère
    » Révèle mon cœur;
    » A toute la terre
    » Redis son ardeur.

12. » Dans toutes les âmes
    » De mon cœur répands
    » Les divines flammes
    » En jets abondants. »

13. Le monde résiste,
    Criant à l'erreur;
    Mais Jésus insiste
    Et reste vainqueur.

14. O Jésus, nos pères
    Ont avec bonheur
    Cru les doux mystères
    De ton Sacré Cœur.

15. De la pauvre France
    Compte les soupirs,
    Les cris de souffrance
    Et les saints désirs.

16. N'es-tu pas, ô France,
    Le soldat de Dieu ?
    Prends sous ta défense
    L'Eglise en tout lieu.

17. Noble destinée !
    L'Eglise toujours
    De sa fille aînée
    Attend le secours.

18. Sauve notre père,
    Le pontife-roi,
    Et soumets la terre
    A ta sainte loi.

19. Bénis notre Eglise
    Et son saint Prélat;
    En tout favorise
    Son apostolat.

20. Protège nos frères
    Et nos bons parents;
    Entends leurs prières
    Rends-les plus fervents.

21. A la pénitence
    Guide les pécheurs,
    Et par ta clémence
    Transforme leurs cœurs.

22. Dans les saintes âmes
    Accrois chaque jour
    L'ardeur et les flammes
    Du divin amour.

23. Arme pour ta cause
    De nombreux soldats,
    Dont le courage ose
    Livrer des combats.

24. Soutenir la guerre
    Pour le Sacré Cœur,
    Est-il sur la terre
    Un plus grand honneur?

25. Accueille, ô bon Maître,
Nos serments d'amour ;
Oui, nous jurons d'être
A toi sans retour.

N° 49. — Je suis venu

1. Je suis venu parmi vous sur la terre
Pour allumer le feu du saint amour ;
Et mon désir, ma gloire la plus chère
Est d'embraser vos âmes en ce jour.

REFRAIN

Cœur de Jésus, mon bonheur et ma vie,
Tu m'as aimé d'un amour éternel,
Mon cœur brûlant dans son transport s'écrie : } bis.
T'aimer ici, t'aimer un jour au Ciel.

2. Si tu savais, enfant, l'amour immense
Qui de mon cœur fait un ardent foyer,
Ah ! tu viendrais, plein de reconnaissance,
Rempli d'amour, t'y jeter tout entier.

3. Cœur de Jésus, tu veux donc que je t'aime ;
Pour me gagner, tu m'offres ton amour ;
Mais n'es-tu pas pour moi le bien suprême,
O divin Roi du céleste séjour ?

4. Cœur de Jésus, je te livre mon âme ;
Sois à jamais le maître de mon cœur,
Viens l'embraser d'une amoureuse flamme,
Viens le remplir de zèle et de bonheur.

5. Oui, désormais, je t'aime sans partage ;
De ce seul bien je suis ambitieux,
Le Sacré Cœur, quel plus riche héritage !
Lui, le trésor, la richesse des cieux !

No 50. — O Jésus, l'espérance

1. O Jésus, l'espérance
   Et l'ami du pécheur,
   J'implore ta clémence,
   Place moi dans ton cœur.

REFRAIN

Place-moi dans ton cœur. *(ter)*

2. J'ai perdu l'innocence,
   La paix et le bonheur,
   Jésus, prends ma défense,
   Place-moi dans ton cœur.

3. Le Ciel, dans sa justice,
   Me traite avec rigueur;
   Jésus, sois-moi propice,
   Place-moi dans ton cœur.

4. Jésus, arrête, arrête
   Le bras du Dieu vengeur
   Suspendu sur ma tête,
   Place-moi dans ton cœur.

5. Poursuivi sur la terre
   Par un monde trompeur,
   Jésus, en toi j'espère,
   Place-moi dans ton cœur.

6. A t'aimer je m'engage,
   O Jésus, mon Sauveur,
   Sois toujours mon partage,
   Place-moi dans ton cœur.

7. A mon heure dernière,
   Mon divin Rédempteur,
   Viens fermer ma paupière,
   Place-moi dans ton cœur.

No 51. — Pitié, mon Dieu

1. Pitié, mon Dieu! c'est pour notre patrie
   Que nous prions au pied de cet autel ;
   Les bras liés et la face meurtrie,
   Elle a porté ses regards vers le Ciel.

REFRAIN

Dieu de clémence,
O Dieu vainqueur,
Sauve Rome et la France
Au nom du Sacré Cœur.   } bis.

2. Pitié, mon Dieu! sur un nouveau Calvaire
   Gémit le chef de votre Eglise en pleurs.
   Glorifiez le successeur de Pierre
   Par un triomphe égal à ses douleurs.

3. Pitié, mon Dieu! La Vierge immaculée
   N'a pas en vain fait entendre sa voix.
   Sur notre terre ingrate et désolée,
   Les fleurs du Ciel naîtront comme autrefois.

4. Pitié, mon Dieu! pour tant d'hommes fragiles
   Vous outrageant sans savoir ce qu'ils font.
   Faites renaître en traits indélébiles
   Le sceau du Christ imprimé sur leur front.

5. Pitié, mon Dieu! votre cœur adorable
   A nos soupirs ne sera pas fermé.
   Il nous convie au mystère ineffable
   Qui ravissait l'Apôtre bien-aimé.

6. Pitié, mon Dieu! trop faibles sont nos âmes
   Pour désarmer votre juste courroux,
   Embrasez-les de généreuses flammes
   Et rendez-les moins indignes de vous.

7. Pitié, mon Dieu! si votre main châtie
   Un peuple ingrat qui semble la braver,
   Elle commande à la mort, à la vie :
   Par un miracle elle peut nous sauver.

No 52. — Vole au plus tôt

1. Vole au plus tôt, vole, vole, mon âme,
   Vers cet asile où t'appelle Jésus.
   Là, dans son sein, s'allumera la flamme
   Dont brûle au Ciel le peuple des élus.

   REFRAIN

   Volons, volons, mon âme,
   Vers le cœur de Jésus.
   Pour brûler de la flamme
   Dont brûlent les élus.

2. Vers cet heureux asile
   Où t'attend le bonheur,
   Vole d'une aile agile,
   Vole, mon pauvre cœur.

3. Que tardes-tu ? Vois comme dans le monde
   Tout n'est qu'ennuis, que périls et que maux.
   Mais dans ce cœur, source en biens si féconde,
   Tout est plaisir, délices et repos.

4. Partons donc, ô mon âme !
   Quittons ces tristes lieux.
   D'une divine flamme
   Allons brûler aux cieux.

5. Là, doucement, l'âme passe sa vie,
   Et doucement au dernier jour s'endort.
   O sort heureux ! ô sort digne d'envie !
   Que de bonheur dans une telle mort !

6. O divin sanctuaire
   De bonheur et de paix !
   C'est en toi que j'espère
   Etre heureux à jamais.

NOËL

N⁰ 53. — Venez, divin Messie

REFRAIN
Venez, divin Messie,
Sauvez nos jours infortunés ;
Venez, source de vie,
Venez, venez, venez.

1. Ah ! descendez, hâtez vos pas,
Sauvez les hommes du trépas,
Secourez-nous, ne tardez pas.
Venez, divin Messie,
Sauvez nos jours infortunés ;
Venez, source de vie,
Venez, venez, venez.

2. Ah ! désarmez votre courroux ;
Nous soupirons à vos genoux,
Seigneur, nous n'espérons qu'en vous.
Pour nous livrer la guerre,
Tous les enfers sont déchaînés ;
Descendez sur la terre,
Venez, venez, venez.

3. Que nos soupirs soient entendus !
Les biens que nous avons perdus
Ne nous seront-ils pas rendus ?
Voyez couler nos larmes ;
Grand Dieu ! si vous nous pardonnez,
Nous n'aurons plus d'alarmes,
Venez, venez, venez.

4. Si vous daignez naître en ces lieux,
Nous vous verrons victorieux,
Fermer l'enfer, ouvrir les cieux.

4

Nous l'espérons sans cesse,
Les cieux nous furent destinés.
Tenez votre promesse,
Venez, venez, venez.

5. Ah! puissions-nous chanter un jour
Dans votre bienheureuse cour
Et votre gloire et votre amour!
C'est là l'heureux partage
De ceux que vous prédestinez.
Donnez-nous-en le gage,
Venez, venez, venez.

No 54. — Allons à l'étable

1. Allons à l'étable,
Pour nous, il est né
Un Sauveur aimable,
Un Fils bien-aimé.

Refrain
Amour, amour à l'Enfant Jésus. *(bis)*

2. Enfant admirable,
Jésus bon Sauveur!
Ton regard aimable
Charme notre cœur.

3. C'est nous que les Anges
Appellent des Cieux.
Mêlons nos louanges
A leurs chants joyeux.

4. Une seule larme,
Coulant de ses yeux,
Fléchit et désarme
Le courroux des Cieux.

5. Gardons de notre âge
La simplicité,
C'est le plus sûr gage
De fidélité.

N° 55. — Il est né le divin Enfant

REFRAIN

Il est né, le divin Enfant ;
Jouez, hautbois, résonnez, musettes.
Il est né, le divin Enfant ;
Chantons tous son avènement.

1. Depuis plus de quatre mille ans
Nous le promettaient les prophètes.
Depuis plus de quatre mille ans
Nous attendions cet heureux temps.

2. Ah ! qu'il est beau ! qu'il est charmant !
Ah ! que ses grâces sont parfaites !
Ah ! qu'il est beau ! qu'il est charmant !
Qu'il est doux, ce divin Enfant !

3. Une étable est son logement,
Un peu de paille sa couchette ;
Une étable est son logement ;
Pour un Dieu quel abaissement !

4. Il veut nos cœurs, il les attend ;
Il vient en faire la conquête.
Il veut nos cœurs, il les attend ;
Qu'ils soient à lui dès ce moment !

5. Partez, ô rois de l'Orient !
Venez vous unir à nos fêtes.
Partez, ô rois de l'Orient !
Venez adorer cet Enfant.

6. O Jésus ! ô Roi tout-puissant !
Tout petit Enfant que vous êtes,
O Jésus ! ô roi tout-puissant !
Régnez sur nous entièrement.

No 56. — Les Anges dans nos campagnes

1. Les Anges, dans nos campagnes,
   Ont entonné l'hymne des cieux ;
   Et l'écho de nos montagnes
   Redit ce chant mélodieux :

   REFRAIN

   Gloria in excelsis Deo. *(bis)*

2. Bergers, pour qui cette fête ?
   Quel est l'objet de tous ces chants ?
   Quel vainqueur, quelle conquête
   Mérite ces cris triomphants ?

3. Ils annoncent la naissance
   Du Libérateur d'Israël ;
   Et pleins de reconnaissance,
   Chantent ce jour si solennel.

4. Cherchons tous l'heureux village
   Qui l'a vu naître sous ses toits.
   Offrons-lui le tendre hommage
   Et de nos cœurs et de nos voix.

5. Dans l'humilité profonde
   Où vous paraissez à nos yeux,
   Pour vous louer, Roi du monde,
   Nous redirons ce chant joyeux.

6. Déjà par la voix de l'Ange,
   Par les hymnes des chérubins,
   La terre suit la louange
   Qui se chante aux parvis divins.

7. Bergers, quittez vos retraites,
   Unissez-vous à leurs concerts ;
   Et que vos tendres musettes
   Fassent retentir dans les airs.

8. Dociles à leur exemple,
   Seigneur, nous viendrons désormais,
   Au milieu de votre temple,
   Chanter avec eux vos bienfaits.

N° 57. — Minuit, chrétiens

SOLO

1. Minuit, chrétiens, c'est l'heure solennelle,
Où l'Homme-Dieu descendit jusqu'à nous,
Pour effacer la tache originelle,
Et de son Père arrêter le courroux.
Le monde entier tressaille d'espérance
A cette nuit qui lui donne un Sauveur.

CHŒUR

Peuple, à genoux! attends ta délivrance,
Noël, Noël, voici le Rédempteur! *(bis)*

SOLO

2. De notre foi que la lumière ardente
Nous guide tous au berceau de l'Enfant,
Comme autrefois, une étoile brillante
Y conduisit les chefs de l'Orient.
Le Roi des rois naît dans une humble crèche.
Puissants du jour, fiers de votre grandeur,

CHŒUR

A votre orgueil c'est de là qu'un Dieu prêche.
Courbez vos fronts devant le Rédempteur. *(bis)*

SOLO

3. Le Rédempteur a brisé toute entrave;
La terre est libre et le Ciel ouvert.
Il voit un frère où n'était qu'un esclave;
L'amour unit ceux qu'enchaînait le fer.
Qui lui dira notre reconnaissance?
C'est pour nous tous qu'il naît, qu'il souffre et meurt.

CHŒUR

Peuple, debout! chante la délivrance.
Noël, Noël, chantons le Rédempteur. *(bis)*

4*

PASSION

Nᵒ 58. — Au sang qu'un Dieu

1. Au sang qu'un Dieu va répandre
   Ah ! mêlez du moins vos pleurs,
   Chrétiens qui venez entendre
   Le récit de ses douleurs.
   Puisque c'est pour vos offenses
   Que ce Dieu souffre aujourd'hui,
   Animés par ses souffrances,
   Vivez et mourez pour lui.

2. Dans un jardin solitaire,
   Il sent de rudes combats :
   Il prie, il craint, il espère,
   Son cœur veut et ne veut pas.
   Tantôt la crainte est plus forte,
   Et tantôt l'amour plus fort.
   Mais enfin l'amour l'emporte
   Et lui fait choisir la mort.

3. Judas, que la fureur guide,
   L'aborde d'un air soumis ;
   Il l'embrasse, et ce perfide
   Le livre à ses ennemis.
   Judas, un pécheur t'imite
   Quand il feint de l'apaiser.
   Souvent sa bouche hypocrite
   Le trahit par un baiser.

4. On l'abandonne à la rage
   De cent soldats inhumains ;
   Sur son auguste visage
   Des valets portent leurs mains.

Vous deviez, anges fidèles,
Témoins de ces attentats,
Ou le mettre sous vos ailes,
Ou frapper tous ces ingrats.

5. Ils le traînent au grand prêtre,
Qui seconde leur fureur,
Et ne veut le reconnaître
Que pour un blasphémateur.
Quand il jugera la terre,
Ce Sauveur aura son tour;
Aux éclats de son tonnerre
Tu le connaîtras un jour.

6. Tandis qu'il se sacrifie,
Tout conspire à l'outrager;
Pierre lui-même l'oublie
Et le traite d'étranger.
Mais Jésus perce son âme
D'un regard tendre et vainqueur;
Et met, d'un seul trait de flamme,
Le repentir dans son cœur.

7. Chez Pilate, on le compare
Au dernier des scélérats.
Qu'entends-je? ô peuple barbare!
Tes cris sont pour Barabbas.
Quelle indigne préférence!
Le juste est abandonné;
On condamne l'innocence,
Et le crime est pardonné!

8. On le dépouille, on l'attache;
Chacun arme son courroux.
Je vois cet agneau sans tache
Tombant presque sous les coups.
C'est à nous d'être victimes,
Arrêtez, cruels bourreaux!
C'est pour effacer nos crimes
Que son sang coule à grands flots.

9. Une couronne cruelle
Perce son auguste front.
A ce chef, à ce modèle,
Mondains, vous faites affront.

Il languit dans les supplices ;
C'est un homme de douleurs ;
Vous vivez dans les délices,
Vous vous couronnez de fleurs.

10. Il marche, il monte au Calvaire,
Chargé d'un infâme bois.
De là, comme d'une chaire,
Il fait entendre sa voix.
Ciel, dérobe à la vengeance
Ceux qui m'osent outrager.
C'est ainsi, quand on l'offense,
Qu'un chrétien doit se venger.

11. Une troupe mutinée
L'insulte et crie à l'envi :
Qu'il change sa destinée,
Alors nous croirons en lui.
Il peut la changer sans peine,
Malgré vos nœuds et vos clous ;
Mais le nœud qui seul l'enchaîne,
C'est l'amour qu'il a pour nous.

12. Ah ! de ce lit de souffrance,
Seigneur, ne descendez pas ;
Suspendez votre puissance,
Restez-y jusqu'au trépas.
Mais tenez votre promesse,
Attirez-nous près de vous ;
Pour prix de votre tendresse,
Puissions-nous y mourir tous !

13. Il expire, et la nature
En lui pleure son auteur.
Il n'est point de créature
Qui ne marque sa douleur.
Un spectacle si terrible
Ne pourra-t-il me toucher ?
Et serai-je moins sensible
Que n'est le plus dur rocher ?

No 59. — Venez, chrétiens pieux

1.   Venez, chrétiens pieux,
Venez, que votre foi s'empresse ;
    Du Sauveur à vos yeux
Ici se montre la tendresse.
Voyez le supplice touchant
De ce Dieu-Homme agonisant.
    Contemplez la détresse
    De son dernier instant.

2.   Jésus est garrotté ;
Après la trahison, l'outrage.
    Infâme cruauté !
Le soldat lui crache au visage.
Devant Pilate il est traîné,
D'épines il est couronné ;
    La mort est le partage
    Du juste condamné.

3.   Il est meurtri de coups,
Sur tout son corps le sang ruisselle.
    O céleste courroux,
Que votre exigence est cruelle !
De la croix le fardeau pesant
Surcharge son corps languissant.
    Vois, chrétien, ton modèle,
    Suis ton Sauveur souffrant.

4.   Portant sa lourde croix
Par un chemin montant, pénible,
    Il tombe sous le poids
Dont l'accable un Ciel inflexible.
Pour me délivrer de la mort,
Jésus, vous expiez mon tort.
    Ah ! serai-je insensible
    A ce douloureux sort ?

5.   Jésus se relevant
Poursuit le chemin du Calvaire ;
    Défiguré, sanglant,
Il rencontre sa tendre Mère.

Hélas! quel glaive de douleurs
Transperce à cet instant leurs cœurs?
  Pour cette scène amère,
  N'aurons-nous point de pleurs?

6.   Le Sauveur épuisé
Sous l'arbre du salut chancelle.
  Dans sa marche, exposé
A faire une chute nouvelle,
Simon, désigné par le choix,
Vient avec lui porter sa croix.
  Ainsi, chrétien rebelle,
  Sers-tu le Roi des rois?

7.   O visage brillant
Hier encor de tant de lumière,
  Aujourd'hui tout sanglant,
Où donc est ta beauté première?
Sous ces mêmes traits de douleur,
Console-moi dans le malheur;
  Jusqu'à l'heure dernière,
  Sois gravé dans mon cœur.

8.   Le Sauveur sous la croix,
Trahi par ses forces mourantes,
  Une seconde fois
Tombe sur ses mains défaillantes,
Arrosant ses pas de ses pleurs,
De son sang et de ses sueurs.
  Ah! ces chutes fréquentes.
  C'est votre œuvre, pécheurs!

9.   O filles d'Israël,
Ne pleurez point sur ma souffrance;
  Sur vous de l'Eternel
Implorez plutôt la clémence,
Afin qu'au bienheureux séjour
Il daigne vous admettre un jour.
  Ah! faites pénitence
  Pour gagner son amour.

10.   Accablé de langueur,
Chargé du péché qui l'oppresse,
  Sous sa croix le Sauveur
Pour la troisième fois s'affaisse.

Pécheur, c'est ton iniquité,
Ta malice, ta dureté,
C'est ta coupable ivresse
Qui l'a tant contristé.

11.   Comme un agneau muet,
Sans proférer la moindre plainte,
Au terme du trajet
Arrive la victime sainte.
De sueur et de sang mouillé,
Son vêtement est tout souillé.
Dans une rude étreinte
Son corps est dépouillé.

12.   Les bourreaux inhumains,
Procédant au dernier supplice,
Fixent ses pieds, ses mains,
Sur le bois de son sacrifice.
Ses membres sont percés de clous;
Le sang en jaillit sous les coups.
O divine justice!
Nous épargnerez-vous?

13.   Du fils de l'Eternel
Ici s'accomplit le martyre.
Sur ce sanglant autel,
Le maître de la vie expire.
Une lance perce son cœur;
L'astre du jour pâlit d'horreur;
La nature en délire
Frémit pour toi, pécheur!

14.   De la croix détaché,
Les yeux éteints, le corps livide,
Victime du péché,
Percé par un fer déicide,
Jésus à sa Mère est rendu.
Marie a le cœur éperdu;
Et toi, pécheur perfide,
Tu n'es point confondu!

15.   Les disciples pieux,
Dans leur douleur inexprimable,
De parfums précieux
Embaument son corps adorable;

Et dans un sépulcre nouveau
Ils déposent leur cher fardeau.
    Avec vous, Maître aimable,
    Puissé-je être au tombeau !

16.   Vous l'avez vu souffrir,
    Votre Sauveur, troupe chrétienne ;
    Vous l'avez vu mourir.
Qu'à jamais votre cœur retienne
Tous les traits de sa passion,
Objet de votre affection.
    Que la croix vous soutienne
    Dans votre affliction.

No 60. — Vive Jésus, vive sa Croix

1. Vive Jésus, vive sa croix !
   N'est-il pas bien juste qu'on l'aime,
   Puisqu'en expirant sur ce bois,
   Il nous aima plus que lui-même !

REFRAIN

Chrétiens, chantons à haute voix : } *bis.*
Vive Jésus, vive sa croix !

2. Vive Jésus, vive sa croix !
   Car Jésus l'ayant épousée,
   Elle n'est plus comme autrefois
   Un objet d'horreur, de risée.

3. Vive Jésus, vive sa croix !
   La chaire de son éloquence,
   Où me prêchant ce que je crois,
   Il m'apprend tout par son silence.

4. Vive Jésus, vive sa croix !
   C'est l'étendard de sa victoire !
   Par elle il nous donna des lois ;
   Par elle il entra dans sa gloire.

5. Vive Jésus, vive sa croix !
   De tous les biens source féconde,

Où, dans le sang du Roi des rois
Sont lavés les péchés du monde.

6. Vive Jésus, vive sa croix!
   Arbre dont le fruit salutaire
   Répare le mal qu'autrefois
   Fit le péché du premier père.

7. Vive Jésus, vive sa croix!
   Ce n'est pas le bois que j'adore;
   Mais c'est le Sauveur sur ce bois
   Que je révère et que j'implore.

8. Vive Jésus, vive sa croix!
   Prenons-la pour notre partage.
   Ce juste, cet aimable choix
   Conduit au céleste héritage.

A LA SAINTE VIERGE

N° 61. — Sub tuum

Sub tuum præsidium confugimus, sancta Dei Genitrix; nostras deprecationes ne despicias in necessitatibus; sed a periculis cunctis libera nos semper, Virgo gloriosa et benedicta. Amen.

℣. Ora pro nobis, sancta Dei Genitrix.
℟. Ut digni efficiamur promissionibus Christi.

℣. Oremus pro Pontifice nostro N.
℟. Dominus conservet eum, et vivificet eum, et beatum faciat eum in terra, et non tradat eum in animam inimicorum ejus.

N° 62. — Magnificat

Magnificat * anima mea Dominum.
Et exultavit spiritus meus * in Deo salutari meo.
Quia respexit humilitatem ancillæ suæ; * ecce enim ex hoc beatam me dicent omnes generationes.
Quia fecit mihi magna qui potens est, * et sanctum nomen ejus.
Et misericordia ejus a progenie in progenies * timentibus eum.
Fecit potentiam in brachio suo : * dispersit superbos mente cordis sui.
Deposuit potentes de sede, * et exaltavit humiles.
Esurientes implevit bonis, * et divites dimisit inanes.
Suscepit Israel puerum suum, * recordatus misericordiæ suæ.
Sicut locutus est ad patres nostros, * Abraham, et semini ejus in sæcula.
Gloria Patri, etc.

N° 63. — Ave, maris stella

Ave, maris stella,
Dei Mater alma,
Atque semper virgo,
Felix cœli porta.

Sumens illud Ave
Gabrielis ore,
Funda nos in pace,
Mutans Evæ nomen.

Solve vincla reis;
Profer lumen cæcis;
Mala nostra pelle;
Bona cuncta posce.

Monstra te esse matrem :
Sumat per te preces,
Qui pro nobis natus
Tulit esse tuus.

Virgo singularis,
Inter omnes mitis,
Nos culpis solutos
Mites fac et castos.

Vitam præsta puram,
Iter para tutum,
Ut videntes Jesum,
Semper collætemur.

Sit laus Deo Patri,
Summo Christo decus,
Spiritui Sancto
Tribus honor unus. Amen.

N° 64. — Omni die

Omni die
Dic Mariæ
Mea laudes, anima :
Ejus festa,
Ejus gesta
Cole devotissima.

Contemplare
Et mirare
Ejus celsitudinem :
Dic felicem
Genitricem,
Dic beatam Virginem.

Ipsam cole
Ut de mole
Criminum te liberet;
Hanc appella,
Ne procella
Vitiorum superet.

Hæc persona
Nobis dona
Contulit cœlestia :
Hæc Regina
Nos divina
Illustravit gratia.

Lingua mea
Dic trophæa
Virginis puerperæ,
Quæ inflictum
Maledictum
Miro transfert germine.

Sine fine
Dic Reginæ
Mundi laudum cantica;
Ejus bona
Semper sona,
Semper illam prædica.

N⁰ 65. — O sanctissima

O sanctissima,
O piissima,
Dulcis Virgo Maria!
Mater amata,
Intemerata,   } bis.
Ora pro nobis!

Tu solatium
Et refugium,
Virgo Mater Maria!
Quidquid optamus,
Per te speramus,   } bis.
Ora pro nobis!

N⁰ 66. — Stabat Mater

Stabat Mater dolorosa,
Juxta crucem lacrymosa,
Dum pendebat Filius.

Cujus animam gementem,
Contristatam et dolentem,
Pertransivit gladius.

O quam tristis et afflicta
Fuit illa benedicta
Mater unigeniti!

Quæ mœrebat et dolebat,
Pia Mater, dum videbat
Nati pœnas inclyti.

Quis est homo qui non fleret,
Matrem Christi si videret
In tanto supplicio?

Quis non posset contristari
Christi Matrem contemplari
Dolentem cum Filio?

Pro peccatis suæ gentis,
Vidit Jesum in tormentis
Et flagellis subditum.

Vidit suum dulcem natum
Moriendo desolatum,
Dum emisit spiritum.

Eia, Mater, fons amoris,
Me sentire vim doloris
Fac ut tecum lugeam.

Fac ut ardeat cor meum
In amando Christum Deum,
Ut illi complaceam.

Sancta Mater, istud agas,
Crucifixi fige plagas,
Cordi meo valide.

Tui Nati vulnerati,
Tam dignati pro me pati,
Pœnas mecum divide.

Fac me tecum pie flere,
Crucifixo condolere,
Donec ego vixero.

Juxta crucem tecum stare,
Et me tibi sociare
In planctu desidero.

Virgo virginum præclara,
Mihi jam non sis amara;
Fac me tecum plangere.

Fac ut portem Christi mortem,
Passionis fac consortem,
Et plagas recolere.

Fac me plagis vulnerari,
Fac me cruce inebriari,
Et cruore Filii.

Flammis ne urar succensus,
Per te, Virgo, sim defensus
In die judicii.

Christe, cum sit hinc exire,
Da per Matrem me venire
Ad palmam victoriæ.

Quando corpus morietur,
Fac ut animæ donetur
Paradisi gloria. Amen.

℣. Ora pro nobis, Virgo dolorosissima.
℟. Ut digni efficiamur promissionibus Christi.

Nº 67. — Litanies

Kyrie, eleison.
Christe, eleison.
Kyrie, eleison.
Christe, audi nos.
Christe, exaudi nos.
Pater de cœlis Deus,
Fili Redemptor mundi Deus,
Spiritus sancte Deus,
Sancta Trinitas unus Deus, — *Miserere nobis.*
Sancta Maria, ora pro nobis.
Sancta Dei Genitrix,
Sancta Virgo virginum,
Mater Christi,
Mater divinæ gratiæ,
Mater purissima,
Mater castissima,
Mater inviolata,
Mater intemerata,
Mater amabilis,
Mater admirabilis,
Mater Creatoris,
Mater Salvatoris,
Virgo prudentissima,
Virgo veneranda,
Virgo prædicanda,
Virgo potens,
Virgo clemens,
Virgo fidelis,
Speculum justitiæ,
Sedes sapientiæ,
Causa nostræ lætitiæ,
Vas spirituale,
Vas honorabile, — *Ora pro nobis.*

Vas insigne devotionis,
Rosa mystica,
Turris Davidica,
Turris eburnea,
Domus aurea,
Fœderis arca,
Janua cœli,
Stella matutina,
Salus infirmorum,
Refugium peccatorum,
Consolatrix afflictorum,
Auxilium christianorum,
Regina Angelorum,
Regina Patriarcharum,
Regina Prophetarum,
Regina Apostolorum,
Regina Martyrum,
Regina Confessorum,
Regina Virginum,
Regina Sanctorum omnium,
Regina sine labe originali concepta,
Regina Sacratissimi Rosarii, — *Ora pro nobis.*

Agnus Dei, qui tollis peccata mundi, parce nobis, Domine.
Agnus Dei, qui tollis peccata mundi, exaudi nos, Domine.
Agnus Dei, qui tollis peccata mundi, miserere nobis.
Christe, audi nos.
Christe, exaudi nos.

No 68. — Adressons notre hommage

1. Adressons notre hommage
   A la Reine des cieux;
   Elle aime de notre âge
   La candeur et les vœux.

REFRAIN

O Vierge sainte et pure!
Notre cœur en ce jour
Vous promet et vous jure ⎰
Un éternel amour. ⎱ *bis.*

2. Du beau nom de Marie
   Faisons tout retentir.
   Qu'elle-même attendrie
   Daigne nous applaudir.

3. Cet autel est le trône
   D'où coulent ses faveurs.
   Son divin Fils lui donne
   Tous ses droits sur nos cœurs.

4. Pour nous qu'elle rassemble
   Au pied de son autel,
   Jurons-lui tous ensemble
   Un amour éternel.

5. Marie est notre Mère,
   Nous sommes ses enfants;
   Consacrons à lui plaire
   Le printemps de nos ans.

6. Nous voulons avec zèle
   Imiter vos vertus;
   Vous êtes le modèle
   Que nous donne Jésus.

7. Protégez-nous sans cesse
   Dès nos plus tendres ans;
   Guidez notre jeunesse,
   Veillez sur vos enfants,

8. Et parmi les orages
   D'un monde séducteur,
   Sauvez-nous des naufrages;
   Ah! gardez notre cœur.

N° 69. — A ta voix, ô Vierge sainte

1. A ta voix, ô Vierge sainte,
   Heureux de nous réunir,
   Nous venons dans cette enceinte
   Te prier de nous bénir.

   REFRAIN

   O Marie,
   La patrie
   Espère en toi,
   Et vient proclamer sa foi
   En Jésus-Christ son Roi.

2. Oui, notre âme, sur la terre
   Exposée à s'endormir,
   Des soucis de la matière
   A besoin de s'affranchir.

3. Tu le sais, et l'encourages
   A venir près de ton cœur,
   Et tes saints pèlerinages
   Ressuscitent sa ferveur.

4. Sur le mont de la Salette
   Tu montras tes yeux en pleurs;
   Et ta bouche de prophète
   Nous prédit tous nos malheurs.

5. Mais au roc de Massabielle,
   Divine apparition,
   Bientôt ta lèvre immortelle
   Nous annonçait le pardon.

6. Ces prodiges, ces présages,
   Ces célestes visions,
   Sont pour nous autant de gages
   De tes bénédictions.

7. Aussi, vois la France entière,
   Ecoutant tes doux appels,
   Se presser sous ta bannière
   Et courir à tes autels.

8. De ce grand peuple qui t'aime
   Que ton bras soit le gardien ;
   Rends-le digne de lui-même
   Et l'honneur du nom chrétien.

9. Il est une autre patrie
   Pour les cœurs vraiment français :
   C'est l'Eglise, encor meurtrie
   Des affronts qu'on nous a faits.

10. Calme la douleur profonde
    De son Père bien-aimé ;
    Le Pontife, roi du monde,
    Est captif et désarmé !

11. Mais, pour nous, ce roi sans trône
    Porte sur son front vainqueur,
    Avec la triple couronne,
    L'auréole du malheur.

12. Garde-le, Reine immortelle ;
    Convertis ses ennemis,
    Et rassemble sous ton aile
    Nos parents et nos amis.

13. A tes pieds, divine Mère,
    Bravant tout respect humain,
    Nous faisons d'un cœur sincère
    Le serment du pèlerin.

14. Nous jurons sur l'Evangile
    De servir Dieu, notre Roi,
    Embrassant d'un cœur docile
    Et ses dogmes et sa loi.

15. Haine au monde, à ses maximes,
    A sa fausse liberté !
    Honneur aux vertus sublimes,
    Filles de la vérité.

Nº 70. — Au secours !

REFRAIN

Au secours! vierge Marie!
Hâte-toi, viens sauver mes jours!
C'est ton enfant qui t'en supplie;
Vierge Marie, sauve mes jours!
Vierge Marie,
Au secours, au secours!

1. O Mère pleine de tendresse,
Vers toi les pauvres matelots
Lèvent les yeux dans la détresse,
Et soudain tu calmes les flots.

2. Egaré sur la mer du monde,
Mon esquif vogue loin du port.
En écueils elle est si féconde;
Hélas! quel sera donc mon sort?

3. Déjà de lugubres nuages
Se déroulent au sein des airs;
Par leur souffle, les noirs orages
Ont soulevé les flots amers.

4. Le bruit affreux de la tempête
S'approche et gronde avec fureur;
Il mugit, roule sur ma tête;
Mon sang se glace de frayeur!

5. Tu le vois, ma frêle nacelle
Est le jouet de l'ouragan;
Marie, étends sur moi ton aile;
Sauve-moi, je suis ton enfant!

6. La mort de sa triste victime
N'attend que le dernier soupir;
Je tombe au fond du noir abîme,
Si tu ne viens me secourir.

7. Il m'en souvient, sainte Patronne,
Mille fois tu sauvas mes jours.
N'entends-tu pas, la foudre tonne,
Au secours! Marie, au secours!

8. Parais, étoile salutaire !
Chasse les ombres de la mort.
Que ta bienfaisante lumière
Me montre le chemin du port.

No 71. — C'est le mois de Marie

Mois de Marie

REFRAIN

C'est le mois de Marie
C'est le mois le plus beau ;
A la Vierge chérie
Disons un chant nouveau.

1. Ornons le sanctuaire
De nos plus belles fleurs ;
Offrons à notre Mère
Et nos chants et nos cœurs.

2. De la saison nouvelle
On vante les bienfaits ;
Marie est bien plus belle,
Plus doux sont ses attraits.

3. L'étoile éblouissante
Qui jette au loin ses feux
Est bien moins éclatante,
Son aspect moins pompeux.

4. Qu'une brillante aurore
Vienne enchanter nos yeux ;
Marie efface encore
Cet ornement des cieux.

5. Au vallon solitaire,
Le lis, par sa blancheur,
De cette Vierge-Mère
Retrace la candeur.

6. Aimable violette,
Ta modeste beauté
Est l'image imparfaite
De son humilité.

7. La rose épanouie
   Aux premiers feux du jour
   Nous peint bien de Marie
   L'inépuisable amour.

8. O Vierge, viens toi-même,
   Viens semer dans nos cœurs
   Les vertus dont l'emblème
   Se découvre en ces fleurs.

9. Dans la sainte patrie,
   Puissions-nous à jamais,
   Sainte vierge Marie,
   Célébrer tes bienfaits.

No 72. — Chrétiens, de la Mère de Dieu

Mois de Marie

1. Chrétiens, de la Mère de Dieu
   Chantons, célébrons les louanges ;
   Et prosternés dans ce saint lieu, ·
   Saluons la Reine des anges.

REFRAIN

Vierge sainte, acceptez ces fleurs, ⎱ *ter.*
Et ces guirlandes, et nos cœurs. ⎰

2. Le mois des fleurs est de retour ;
   Rendez nos cœurs purs, ô Marie !
   Comme l'azur du plus beau jour
   Et les parfums de la prairie.

3. Oui, le Seigneur est avec vous,
   O Vierge, à la grâce divine !
   Priez pour nous, priez pour nous ;
   Que devant vous tout front s'incline.

4. O Vierge-Mère, ouvrez vos bras
   A vos enfants dans leurs alarmes ;
   Veillez sur eux, guidez leurs pas
   Au sein de ce vallon de larmes.

5. L'auréole du séraphin
   Moins que la vôtre est radieuse.
   Puissions-nous vous bénir sans fin
   Dans l'éternité glorieuse.

No 73. — Chrétiens, qui combattons

Notre-Dame Auxiliatrice

1. Chrétiens, qui combattons aujourd'hui sur la terre,
   Souvenons-nous toujours, au milieu du danger,
   Souvenons-nous qu'au ciel nous avons une Mère,
   Dont le bras tout-puissant saura nous protéger.

   ### REFRAIN

   Notre-Dame de la victoire
   De l'enfer triomphe. en ce jour,
       Encore un chant de gloire,
       Encore un chant d'amour. (*ter*)

2. Plaçons en elle seule une ferme espérance;
   Que nos cœurs dévoués l'aiment jusqu'au trépas;
   Et que de notre sein son nom béni s'élance
   Pour nous rallier tous au plus fort des combats.

3. C'est la tour de David, inexpugnable asile,
   Qui du démon jaloux brave tous les assauts,
   C'est l'arche défiant, dans sa marche tranquille,
   Et la fureur des vents, et la rage des flots.

4. Dans les temps où l'erreur dominait sur le monde,
   Quand l'Eglise luttait contre tous les tyrans,
   Vous priiez, ô Marie, et la grâce féconde
   Enfantait chaque jour de nouveaux combattants.

5. Plus tard, si l'hérésie arbore sa bannière,
   Si l'antique serpent soudain s'est redressé,
   Vierge, vous paraissez.... Satan dans la poussière
   Sous votre pied vainqueur se débat écrasé.

6. O Vierge immaculée et mille fois bénie!
   Ajoutez à vos dons un don plus précieux :
   Faites qu'après le cours d'une pieuse vie,
   Et pasteur et troupeau soient reçus dans les Cieux.

7. Et si le monde encor contre nous se déchaîne,
S'il brave le Très-Haut, s'il outrage ses lois;
Marie, apprenez-nous à mépriser la haine
De tous ces ennemis qui blasphèment la croix.

8. Donnez à vos enfants la force et le courage,
Un courage à l'épreuve et du fer et du feu,
Prêt à sacrifier, si la lutte s'engage,
Nos âmes et nos corps en holocauste à Dieu.

No 74. — D'être enfant de Marie

1. D'être enfant de Marie,
Ah! qu'il nous est doux!
Venez, troupe chérie,
Honorons-la tous.

REFRAIN

Chantons ses louanges,
Chacun tour à tour;
Imitons les Anges
Qui brûlent d'amour. *(bis)*

2. O divine Marie,
Daigne en ce beau jour
Recevoir pour la vie
Nos cœurs sans retour.

3. De marcher auprès d'elle
Soyons désireux;
D'un cœur pur et fidèle
Elle aime les vœux.

4. Empressés de lui plaire,
Ses vrais serviteurs,
Pleins d'un zèle sincère,
Chantent ses grandeurs.

5. Au pied de votre image
Voyez vos enfants :
Ils vous offrent l'hommage
De leurs jeunes ans.

No 75. — Devant ton image chérie

Mois de Marie

1. Devant ton image chérie,
   Quand nous venons chaque printemps,
   Accueille toujours, ô Marie,
   Les humbles vœux de tes enfants.

REFRAIN

Allons, chrétiens, vers notre Reine,
Chargeons ses autels de présents ;
Du Ciel, l'auguste souveraine   } *bis.*
Bénira nos vœux et nos chants.   }

2. Des fleurs de la saison nouvelle
   Quand tes fils parent ton autel,
   Sur eux que ta main maternelle
   Verse toujours les dons du Ciel.

3. Pour ces festons, ces verts feuillages,
   Qu'en ton parvis nous déployons,
   Féconde en nos jeunes courages
   Les saints désirs que nous portons.

4. Dans les sentiers de la justice
   Fais-nous marcher d'un pas certain ;
   Si quelquefois notre pied glisse,
   Du haut des cieux tends-nous la main.

5. Du jour sans fin, ô douce aurore !
   Alors que paraîtra Jésus,
   En le louant, nos voix encore
   Loueront la Mère des vertus.

No 76. — Douce reine, vierge Marie

1. Douce Reine, vierge Marie,
   Mon premier cantique est pour vous ;
   Mon premier transport à genoux,
   Vous bénit, ô Mère chérie ! (*bis*)

REFRAIN

Tendre Mère, prenez nos âmes,
Nous les offrons avec bonheur ;
Animez-les de pures flammes,
Donnez-les toutes au Seigneur.

2. La foule qui passe légère
Sourit peut-être à nos accents ;
Mais combien la paix de nos chants
Vaut mieux que sa joie éphémère.

3. Marie ! ô nom si doux, si tendre !
Nos cœurs purs et simples encor
Ne sont-ils pas votre trésor ?
Pourriez-vous ne pas les défendre ?

4. Le baume est près de la souffrance,
La mort est vaincue à son tour,
La raison s'unit à l'amour,
La crainte cède à l'espérance.

5. Quand le calme est notre partage,
Qu'un ciel d'azur brille sur nous,
Marie ! ô c'est encore vous
Dont nous rêvons la douce image.

6. Quel ange, au pur regard de flamme,
Quel séraphin aux ailes d'or
Ne donnerait sa gloire encor
Pour un des rayons de votre âme ?

7. Vous nous aimez, douce patronne ;
Si le bonheur est dans l'amour,
Nous le sentons en ce beau jour ;
Déjà nos cœurs sont votre trône.

No 77. — Du beau mois de Marie

Mois de Marie

REFRAIN

Du beau mois de Marie
Chantons le fortuné retour ;
A la Mère chérie
Disons un chant d'amour.

1. Ce mois de la nature est le plus bel ouvrage ;
Tout y ravit le cœur, tout y charme les yeux.
Des plaisirs qu'il amène allons offrir l'hommage
A celle qui suffit pour rendre un cœur heureux.

2. De ses plus verts rameaux, de ses fleurs les plus belles,
Pour parer ses autels, dépouillons le printemps ;
De ses bénignes mains et de fleurs immortelles
Marie, un jour, ceindra le front de ses enfants.

3. A parler de Marie en ce mois tout conspire ;
La pureté de l'air et la beauté du ciel
Répètent à l'envi que sous ton doux empire
L'on goûte, aimable Reine, un printemps éternel.

4. Lorsqu'à l'ombre des bois, au bord de la prairie,
J'écoute des oiseaux les concerts ravissants,
Une autre voix me dit : Dans le sein de Marie
Il est d'autres douceurs pour les cœurs innocents.

5. Venez, heureux enfants, vous donner à Marie ;
Venez, le monde a-t-il de si riants appâts ?
Venez, en soulageant les maux de notre vie,
Son amour, vers le ciel, guide encore nos pas.

No 78. — D'une Mère chérie

1. D'une Mère chérie
Célébrons les grandeurs ;
Consacrons à Marie
Et nos voix et nos cœurs.

REFRAIN

De concert avec l'ange,
Quand il la salua,
Disons à sa louange
Un *Ave Maria*.

2. Modeste créature,
   Elle plut au Seigneur,
   Et vierge toujours pure,
   Enfanta le Sauveur.

3. Nous étions la conquête
   Du tyran des enfers ;
   En écrasant sa tête,
   Elle a brisé nos fers.

4. Que l'espoir se relève
   Dans nos cœurs abattus ;
   Par cette nouvelle Eve
   Les cieux nous sont rendus.

5. O Marie, ô ma Mère,
   Prenez soin de mon sort ;
   C'est en vous que j'espère
   En la vie, en la mort.

6. Obtenez-nous la grâce,
   A notre dernier jour,
   De vous voir face à face
   Au céleste séjour.

N° 79. — En ce jour, ô bonne Madone

REFRAIN

En ce jour,
O bonne
Madone,
Je te donne
Mon amour.

1. .Jour et nuit
   La terre
   Entière,
   Tendre Mère,
   Te bénit.

2. Pour toujours,
   Mon âme
   S'enflamme
   Et réclame
   Ton secours.

3. Si mon cœur,
   O Mère
   Si chère,
   Peut te plaire,
   Quel bonheur !

4. Donne-moi,
   Marie
   Chérie,
   Pour la vie
   D'être à toi.

5. En ton nom
   J'espère
   Lumière,
   Tendre Mère,
   Et pardon.

6. A la mort,
   Qui prie
   Marie
   Plein de vie
   Entre au port.

N° 80. — Espoir, espoir, espoir

Espérance

REFRAIN

Espoir, espoir, espoir
Aux enfants de Marie ;
On ne saurait périr
Quand on veut la servir.

1. Reine des Cieux, ô divine Marie,
   Qu'il nous est doux de chanter tes faveurs !
   Heureux celui qui consacre sa vie
   A te bénir, à te gagner des cœurs.

2. Que de trésors, que de grâces touchantes,
   Sur tes enfants tu répands chaque jour !
   Tous sont aimés, les âmes repentantes,
   Les pécheurs même ont part à ton amour.

3. Juste, bénis ta bienfaisante Mère,
   Qui t'embellit de toutes les vertus,
   Qui t'inspira le désir de lui plaire,
   Et te guida dans l'amour de Jésus.

4. Ton œil à peine avait vu la lumière,
   Et son amour veillait sur ton berceau.
   Il daigne encor verser sur ta carrière
   A chaque instant quelque bienfait nouveau.

5. Et toi, pécheur, trop coupable victime,
   Hélas ! souillé de mille égarements,
   Qui te retint sur le bord de l'abîme ?
   Qui différa tes horribles tourments ?

6. Ingrat, peux-tu longtemps la méconnaître,
   La main d'où part un bienfait aussi doux ?
   Marie a su de ton souverain Maître
   Jusqu'à ce jour suspendre le courroux.

7. O mon refuge, ô Marie ! ô ma Mère !
   Tel fut pour moi le cours de tes bienfaits.
   Mon cœur touché vient dans ton sanctuaire
   A ton amour se vouer à jamais.

8. Anges, soyez témoins de ma promesse ;
   Cieux, écoutez ce serment solennel :
   Oui, c'en est fait, mon cœur plein de tendresse
   Jure à Marie un amour éternel.

N° 81. — Faibles mortels

Notre-Dame des Victoires

1. Faibles mortels, que l'espérance
   Calme nos peines, nos douleurs,
   Le Ciel sur nous, dans sa clémence,
   Verse de nouvelles faveurs.
   D'un nom chéri la douce gloire
   Vient d'apparaître à l'univers.
   Marie a vaincu les enfers,
   Et nous la proclamons Reine de la victoire.

REFRAIN

Toujours, Mère de Dieu,
Oui, toujours à nos cœurs
Ta bannière sera chère ;

Et ta douce lumière,
Guidant nos pas vainqueurs,
Notre vie, ô Marie,
Méritera ton amour, tes faveurs.

2. Relevez-vous, tribus lointaines,
Peuples vaincus, brisez vos fers,
Soyez heureux, brisez vos chaînes,
De Satan fuyez les rigueurs.
Il s'est levé le jour de gloire ;
Vos soupirs ont fléchi les Cieux.
Marie, ô frères malheureux,
Se montrera pour vous Reine de la victoire.

3. Et vous, esclaves de la terre,
Déplorez enfin votre sort ;
Ouvrez les yeux à la lumière,
Sortez des ombres de la mort.
Unissez-vous à notre gloire ;
Venez partager nos combats ;
Marie aide, soutient nos pas ;
Elle est, vous le savez, Reine de la victoire.

4. C'est vainement, vierge Marie,
Que l'enfer frémit contre nous !
Tes enfants bravent sa furie
Et méprisent son noir courroux.
Sur tes pas, ils verront la gloire
Toujours couronner leurs efforts ;
Toujours, cédant à leurs transports,
Leurs cœurs te béniront, Reine de la victoire.

5. Saint étendard de notre Mère,
Nous en faisons le doux serment,
Nous te suivrons dans la carrière,
Unis jusqu'au dernier moment.
Et quand viendra le jour de gloire,
Marie entendra les vainqueurs
Autour de toi formant leurs chœurs
Te proclamer encor Reine de la victoire.

No 82. — Gardiens des célestes portiques

Assomption ou sainte Cécile

1. Gardiens des célestes portiques,
   Esprits, ministres de l'Agneau,
   Pourquoi ces fêtes, ces cantiques?
   Quel est ce spectacle nouveau?
   A qui préparez-vous un trône
   Parmi ce peuple de vainqueurs ?
   Quel front va ceindre une couronne ⎱ *bis.*
   Brillante d'immortelles fleurs ? ⎰

REFRAIN.

Les larmes ont cessé ;
Le chant de la victoire
Retentit en tous lieux.
Marie (Cécile) a triomphé ;
Chantons, chantons sa gloire,
Marie (Cécile) est dans les cieux. *(bis)*

2. Plus éclatante que l'aurore,
   Au jour elle ôte sa clarté ;
   Son front plus radieux encore
   Reflète la divinité.
   Du fond de l'éternel abîme
   Satan l'aperçoit et frémit.
   Jésus, de son trône sublime, ⎱ *bis.*
   Lui tend les bras et lui sourit. ⎰

3. Entrez dans la gloire éternelle
   Où Dieu couronne ses élus ;
   Venez, Vierge, épouse fidèle,
   Goûter la paix de vos vertus.
   Non, le Ciel n'est point une arène ;
   Pour vous, il n'est plus de travaux.
   La mort, en brisant votre chaîne, ⎱ *bis.*
   Vous ouvre l'éternel repos. ⎰

4. O Vierge, notre protectrice,
   Que votre amour veille sur nous.
   Etendez votre bras propice ;
   De l'enfer écartez les coups.

Sauvez notre fragile enfance
Des naufrages de la pudeur ;
Pour nous, conserver l'innocence, }
C'est conserver le vrai bonheur. } *bis.*

No 83. — Heureux enfants

Mois de Marie

1. Heureux enfants d'une Mère chérie,
   Dans vos transports unissez-vous.
   Venez, venez à l'autel de Marie ;
   Tous à ses pieds prosternons-nous.

REFRAIN

Du mois de notre Mère,
Voici venir le doux retour.
Parons son sanctuaire ;
Répétons ce refrain d'amour :
Tendre Marie,
Mère chérie,
Nous t'offrons nos premières fleurs.
Tendre Marie,
Mère chérie,
Reçois nos chants, reçois nos cœurs.

2. Nous avons vu briller la douce aurore
   Qu'appelaient nos soupirs, nos vœux.
   Du Ciel sur nous vont reposer encore
   Les bienfaits, les dons précieux.

3. Déjà l'hiver de sa glaçante haleine
   N'enchaîne plus le cours des flots ;
   Et le ruisseau de la claire fontaine
   Arrose nos champs de ses eaux.

4. Aux noirs autans, compagnons des orages,
   Enfin succèdent les zéphyrs.
   L'astre du jour s'élève sans nuages
   Secondant nos pieux désirs.

5. Du plus beau mois l'agréable présence
   Soudain rappelle le bonheur ;
   Il apparaît, et partout l'espérance
   Verse un baume consolateur.

6. Pour vous bénir, la riante nature,
   Vierge, nous offre ses trésors,
   Les champs ont pris leur plus riche parure,
   Les oiseaux leurs joyeux accords.

7. Nous que ton cœur, Mère tendre et chérie,
   Unit de l'amour le plus doux,
   Nous reviendrons chaque jour, ô Marie,
   Redire tes bienfaits pour nous.

8. Nous reviendrons, au lever de l'aurore,
   A tes pieds déposer nos fleurs,
   Et si du temps la main les décolore,
   Près de toi resteront nos cœurs.

N° 84. — Heureux qui t'aime

1. Heureux qui t'aime, ô Vierge-Mère,
   Son âme goûte un pur bonheur ;
   A tes pieds, dans ton sanctuaire,
   La paix du Ciel est dans son cœur.

REFRAIN

Réunis dans ton sanctuaire,
Nous revenons célébrer tes bienfaits.
Crois-en nos cœurs, auguste et tendre Mère,
Nous ne t'oublierons jamais,
Non, non, non, non, jamais.

2. Il fait si bon dans ta chapelle,
   Quand nous y sommes réunis ;
   Alors surtout, Vierge fidèle,
   Tu nous entends, tu nous bénis.

3. Ici, nous formons ta couronne,
   Puissions-nous la former un jour !
   Et dans le Ciel, bonne Madone,
   T'aimer ensemble sans retour !

4. Auprès de toi, Vierge chérie,
Tu nous vois tous à ton autel.
Auprès de toi, tendre Marie,
Rassemble-nous tous dans le Ciel.

No 85. — Ils vont finir

Adieux à Marie

1. Ils vont finir, auguste Mère,
Ces jours de joie et de bonheur!
Mais, en quittant ce sanctuaire,
J'y veux toujours laisser mon cœur.

Refrain

Veille sur moi, tendre Marie,
Avec Jésus, sois mes amours.
Sois mon trésor, et lui ma vie,
Toujours, toujours, toujours, toujours.

2. Ta voix a calmé mes alarmes
Et dissipé mes noirs soucis;
Si tu me vois verser des larmes,
Ce sont des pleurs que je chéris.

Refrain

Pourrais-je encor, perfide et traître!
Pourrais-je, après tant de bienfaits,
Moi, t'oublier, te méconnaître,
Jamais, jamais, jamais, jamais.

3. J'avais perdu de l'innocence
Le calme heureux, l'aimable paix.
Grâce à tes soins, la pénitence
Du Ciel a désarmé les traits.
Veille....

4. Quoique sûr de ton assistance,
Je tremble à l'aspect du danger;
Je connais trop mon inconstance,
Pour ne pas craindre d'y tomber.
Pourrais-je....

5. Que ne puis-je, ô Vierge fidèle !
   Vivre et mourir à tes genoux !
   Expirer ainsi sous ton aile,
   Pour ton enfant, quel sort plus doux ?
   Veille....

6. Ah ! les voilà déjà fanées
   Ces fleurs qui paraient ton autel !
   Trahirai-je, avec les années,
   Mes vœux, mon serment solennel ?

REFRAIN

Moi, devenir perfide et traître !
Moi, comblé de tant de bienfaits !
Moi, t'oublier, te méconnaître,
Jamais, jamais, jamais, jamais !

N° 86. — J'aime à te dire

Le Rosaire

SOLO

1. J'aime à te dire, ô ma bonne prière,
   Si douce au cœur, si simple pour l'esprit.
   A tout instant, je reprends mon rosaire,
   Pour dire encor ce que cent fois j'ai dit.

CHŒUR

C'est que toujours avec joie on répète
L'aveu naïf d'un amour immortel,
Et pour mon cœur, toujours c'est une fête } bis.
De revenir à ma Mère du Ciel.

SOLO

2. Ah ! qu'il est beau, dans ce temple rustique,
   Dans les grands jours que le Seigneur nous fait,
   De contempler le peuple catholique
   A deux genoux disant son chapelet.

CHŒUR

Enfants, vieillards, humbles et saintes femmes,
Vont, murmurant sur leurs grains parcourus,

Les noms sacrés qui parfument leurs âmes, } *bis.*
Les noms bénis de Marie et Jésus.

SOLO

3. Je connais bien ta puissance secrète,
   Quand je te dis dans mes jours de douleur,
   A chaque *Ave* que mon âme répète,
   Je sens tomber une peine de cœur.

CHŒUR

Avec bonté la Vierge me regarde,
En m'endormant quand je la nomme encor.
Rosaire aimé, sois donc ma sauvegarde, } *bis*
Pendant ma vie, à l'heure de ma mort.

No 87. — Je l'ai juré

Consécration

1. Je l'ai juré! j'appartiens à Marie;
   Après Jésus, elle est tout mon amour.
   A l'honorer je consacre ma vie,
   Je l'aimerai jusqu'à mon dernier jour.

REFRAIN

Je l'ai juré,
C'est pour la vie,
Mon serment est sacré,
J'appartiens à Marie.

2. Je l'ai juré, comme ma tendre Mère,
   Je te fuirai, vain plaisir, faux honneur;
   De tes attraits la douceur mensongère
   Ne trompera jamais mon faible cœur.

3. Je l'ai juré! Seigneur, tes tabernacles
   Seront toujours ma force et mon secours!
   Toujours Marie y goûta tes oracles;
   Ils seront seuls ma joie et mes amours.

4. Je l'ai juré! le luxe, la parure,
   N'auront sur moi nul attrait séduisant.

A ton école, ô Vierge la plus pure,
J'irai chercher le seul charme puissant.

5. Je l'ai juré! de mon aimable Mère
Je graverai les doux traits dans mon cœur.
A retracer une image si chère
Mon tendre amour mettra tout son bonheur.

6. Je l'ai juré! de ta voix, ô Marie,
Je chérirai la céleste douceur;
Sur tes leçons je réglerai ma vie;
Sur tes vertus je formerai mon cœur.

7. Je l'ai juré! dans ce doux sanctuaire
Chaque printemps me verra de retour ;
Mon cœur pressé d'y fêter une Mère
Y redira ses cantiques d'amour.

No 88. — Je la verrai

1. Je la verrai, cette Mère chérie,
Ce doux espoir fait palpiter mon cœur,
Elle est si bonne et si tendre, Marie :
Un seul regard ferait tout mon bonheur.

REFRAIN

Divine Marie,
J'ai l'espoir,
Au Ciel ma patrie,   *bis.*
De te voir.

2. Je fus toujours l'enfant de sa tendresse ;
Mais plus je suis comblé de ses bienfaits,
Et plus j'éprouve en l'âme de tristesse.
Je la chéris, je ne la vois jamais !

3. Je la chéris, je me plais à redire
Son nom si doux à chaque instant du jour.
A chaque instant je me plais à l'écrire ;
Je le répète et l'écris tour à tour.

4. Je vais cherchant son image fidèle ;
Mais nulle part je ne suis satisfait.

Ah ! dans mon cœur ma Mère est bien plus belle,
Et ce tableau lui-même est imparfait.

5. Combien encor durera son absence ?
A chaque fête elle vient en ce lieu :
Mais sans la voir je suis en sa présence,
Et ce jour fuit ! Adieu, ma Mère, adieu !

N° 89. — Je mets ma confiance

REFRAIN

Je mets ma confiance,
Vierge, en votre secours ;
Servez-moi de défense,
Prenez soin de mes jours.

1. Et quand ma dernière heure
Viendra fixer mon sort,
Obtenez que je meure
De la plus sainte mort.

2. A votre bienveillance,
O Vierge, j'ai recours ;
Soyez mon assistance
En tous lieux et toujours.

3. Vous êtes notre Mère,
Jésus est votre Fils ;
Portez-lui la prière
De vos enfants chéris.

4. A dessein de vous plaire,
O reine de mon cœur !
Je promets ne rien faire
Qui blesse votre honneur.

5. Je veux que par hommage,
Ceux qui me sont sujets,
En tous lieux, à tout âge,
Prennent vos intérêts.

6. Sainte vierge Marie,
Asile des pécheurs,

Prenez part, je vous prie,
A mes justes frayeurs.

7. Voyez couler mes larmes,
Mère du bel amour !
Finissez mes alarmes
Dans ce triste séjour.

8. Venez rompre ma chaîne,
Je veux aller à vous.
Aimable Souveraine,
Régnez, régnez, sur nous.

9. Vous êtes mon refuge,
Votre Fils est mon roi ;
Mais il sera mon juge ;
Intercédez pour moi.

10. Ah ! soyez-moi propice
Quand il faudra mourir ;
Apaisez sa justice,
Je crains de la subir.

11. Mère pleine de zèle,
Protégez votre enfant ;
Je vous serai fidèle
Jusqu'au dernier instant.

No 90. — Je suis l'enfant de Marie

REFRAIN

Je suis l'enfant de Marie,
Et ma Mère chérie
Me bénit chaque jour,
Je suis l'enfant de Marie,
C'est le cri de mon cœur, c'est mon refrain d'amour.

1. Qu'il est heureux, ô tendre Mère,
Celui qui t'a donné son cœur !
Est-il un état sur la terre
Qui puisse égaler son bonheur ?

2. O vous que la douleur oppresse,
   Venez implorer sa bonté ;
   Vous trouverez dans sa tendresse
   Le calme et la félicité.

3. Que craindrait l'enfant de Marie ?
   Sa Mère est la reine des cieux ;
   Et du cœur humble qui la prie
   Elle aime à bénir tous les vœux.

4. Sur lui, comme une onde limpide,
   La grâce descend à longs flots ;
   A l'ombre de sa douce égide
   Toujours il trouve le repos.

5. Près de toi, Vierge tutélaire,
   Ainsi couleront tous mes jours,
   Des noirs chagrins la coupe amère
   N'en troublera jamais le cours.

6. Quand viendra le soir de ma vie,
   Dans tes bras prenant mon essor,
   En m'envolant vers ma patrie,
   Je veux, je veux chanter encor.

N° 91. — Je vais quitter bientôt

Adieux à Marie

1. Je vais quitter bientôt ton sanctuaire ;
   Mais, ô Marie, écoute mes adieux !
   Reçois encor ma dernière prière,
   Les derniers chants que je dis en ces lieux.

Refrain

Mais puisqu'il faut quitter ton sanctuaire,
Puisque je dois m'arracher à ces lieux,
Aime-moi bien, ô Marie, ô ma Mère !   } *bis.*
Et souviens-toi de mes derniers adieux.

2. Je reviendrai dans la saison des roses
   T'offrir encor mes guirlandes de fleurs ;

Et sur l'autel, Marie, où tu reposes,
Répandre encor mes soupirs et mes pleurs.

3. Je reviendrai pour que tu me consoles
Dans mes ennuis, mes peines, mes tourments.
Tu dis au cœur de si douces paroles !
Tu fais goûter de si joyeux moments !

4. C'est qu'à tes pieds la vie est bien frivole !
C'est que ta vue inspire un doux émoi !
C'est qu'à ton nom la tristesse s'envole !
C'est qu'on est bien quand on est près de toi

N° 92. — Je vous salue, Marie

REFRAIN

Je vous salue, Marie,   } bis.
Salut, Vierge bénie,   }

1. Ce que l'ange vous dit,
Alors qu'il descendit,

2. Moi je veux, à mon tour,
Vous le dire en ce jour.

3. L'*Ave* tinte pieux,
Mon cœur bat plus joyeux.

4. La cloche d'un ton clair
Dit : un Dieu s'est fait chair.

5. Devant Dieu, devant vous,
Je tombe à deux genoux.

6. Vous portez dans vos bras
Un Dieu mort ici-bas.

7. Chacun, Mère de Dieu,
Vous salue en tous lieux.

8. Rien ne m'est aussi doux
Que de vous dire à vous :

9. Je ne sais pas de chant
Plus tendre et plus touchant.

10. Ce chant chasse du cœur
    La peine et la douleur.

11. C'est un charme éternel,
    C'est un baume du ciel.

12. Je dis, à tout moment,
    Au travail, en priant :

13. De ma plus douce voix,
    Je dis quand je vous vois :

14. Jusqu'au dernier soupir,
    Oui, je veux vous bénir.

15. Quand mon œil se clora,
    Ma bouche encor dira :

16. Sur mon étroit tombeau,
    Gravez ce nom si beau.

No 93. — J'irai la voir un jour

1. J'irai la voir un jour !
   Au ciel, dans ma patrie ;
   Oui, j'irai voir Marie,
   Ma joie et mon amour.

REFRAIN

Au ciel, au ciel, au ciel, }
J'irai la voir un jour ! } *bis.*

2. J'irai la voir un jour !
   C'est mon cri d'espérance
   Qui guérit ma souffrance
   Au terrestre séjour.

3. J'irai la voir un jour !
   J'irai m'unir aux Anges,
   Pour chanter ses louanges
   Et pour former sa cour.

4. J'irai la voir un jour !
   J'irai près de son trône
   Recevoir ma couronne
   Et régner à mon tour.

5. J'irai la voir un jour!
Cette Vierge immortelle;
Bientôt j'irai près d'elle
Lui dire mon amour.

6. J'irai la voir un jour!
J'irai loin de la terre,
Sur le cœur de ma Mère,
Reposer sans retour.

7. J'irai la voir un jour!
Cette roche où ma Mère,
Pour me la rendre chère,
A placé son séjour.

8. J'irai la voir un jour!
O Vierge, la chapelle,
Où le chrétien fidèle
Te dira son amour.

9. J'irai la voir un jour!
Ta fontaine, ô Marie;
Ma pauvre âme flétrie
Pour s'y laver accourt.

10. J'irai la voir un jour!
Lourdes, la grotte sainte :
Hélas! dans ton enceinte
Le temps paraît si court.

11. J'irai la voir un jour!
L'église du Rosaire;
Ton amour, ô ma Mère,
Pressera mon retour.

12. Au ciel, au ciel, au ciel,
J'irai la voir un jour.
Au ciel, au ciel, au ciel,
J'irai la voir un jour.

Nᵒ 94. — Je veux célébrer

1. Je veux célébrer par mes louanges
   Les grandeurs de la Reine des cieux ;
   Et, m'unissant aux concerts des anges,
   Je m'engage à la chanter comme eux. *(ter)*

2. Sur vos pas, ô divine Marie !
   Plus heureux qu'à la suite des rois,
   Dès ce jour, et pour toute ma vie,
   Je m'engage à vivre sous vos lois. *(ter)*

3. Si du monde écoutant le langage,
   Du plaisir j'ai suivi les attraits,
   A me donner à vous sans partage,
   Je m'engage aujourd'hui pour jamais. *(ter)*

4. Par un culte constant et sincère,
   Par un vif et généreux amour,
   A servir, à chérir une Mère,
   Je m'engage aujourd'hui sans retour. *(ter)*

5. Mère sensible et compatissante,
   Soutenez, au milieu des combats,
   Les efforts d'une âme pénitente
   Qui s'engage à marcher sur vos pas. *(ter)*

6. Unissez vos voix, peuple fidèle,
   Aux accords des esprits bienheureux,
   Pour chanter les louanges de Celle
   Qui s'engage à combler tous nos vœux. *(ter)*

Nᵒ 95. — L'heure était venue

Notre-Dame de Lourdes

REFRAIN

Ave, ave, ave, Maria,
Ave, ave, ave, Maria.

I.

1. L'heure était venue
Où l'airain sacré
De sa voix connue
Annonçait l'*Ave*.

2. D'une main discrète
L'Ange la prenant
Conduit Bernadette
Au bord du torrent.

3. Un souffle qui passe
Avertit l'enfant
Qu'une heure de grâce
Sonne en ce moment.

4. Sur Massabielle
Son œil voit soudain
L'éclat qui révèle
L'astre du matin.

5. C'est un doux visage
Rayonnant d'amour,
Q'entoure un nuage
Plus beau que le jour.

6. Son regard s'inspire
D'un reflet divin;
Mais un doux sourire
Dit : ne craignez rien.

7. Elle a la parure
D'un lis immortel;
Elle a pour ceinture
Un ruban du ciel.

8. On voit une rose
Sur ses pieds bénis,
Fraîchement éclose
Dans le paradis.

9. On voit un rosaire
Glisser dans sa main,
Et de la prière
Tracer le chemin.

10. L'âme palpitante,
Le cœur enivré,
L'heureuse voyante
Répétait : *Ave*.

II.

1. L'extase s'achève
Le monde revient;
L'enfant se relève,
Disant : A demain.

2. Avant chaque aurore
Son cœur en éveil
Par soupirs implore
L'heure du réveil.

3. « Mère de la terre,
Ne défendez pas
D'aller voir la Mère
Qui paraît là-bas.

4. » Elle était si belle!
Je veux la revoir.
Que désire-t-elle?
Je veux le savoir. »

5. Colombe fidèle,
Elle prend l'essor,
Vole à tire-d'aile
Au nouveau Thabor.

6. « O Dame chérie,
Que demandez-vous ?
Parlez, je vous prie,
Et dites-le-nous.

7. » Avec vos compagnes,
Venez quinze fois
Près de ces montagnes
Ecouter ma voix.

8. » Enfant généreuse,
Je vous le promets,
Vous serez heureuse
Au ciel pour jamais.

7

9. » Si vous êtes bonne,
Le monde est méchant;
Il ne me pardonne
De vous voir souvent.

10. » Le savant s'offense
De votre bonté;
Je n'ai pour défense
Que la vérité. »

III.

1. Près de la voyante
Au lever du jour,
La foule croyante
Se rend tour à tour.

2. La pauvre bergère,
Comme un séraphin,
Du ciel à la terre
Franchit le chemin.

3. La voilà ravie
Dans cette beauté
Que le temps envie
A l'éternité!

4. De son blanc visage
Les traits allongés
Vers la sainte Image
Semblent emportés.

5. Pendant sa prière
Brille sur son front
La pure lumière
De la vision.

6. Le peuple fidèle
Admire à genoux
De l'aube éternelle
Le reflet si doux.

7. « Qu'avez-vous, madame?
Murmura l'enfant;
D'où vient que votre âme
Est triste à présent?

8. » Que faudra-t-il faire
Pour tarir vos pleurs?
Priez, dit la Mère,
Pour tous les pécheurs.

9. » Je veux qu'ici même,
En procession,
Le peuple qui m'aime
Invoque mon nom.

10. » Que d'une chapelle
Le marbre béni
Aux âges rappelle
Mon séjour ici. »

IV.

1. O profond mystère
D'un profond amour!
Faut-il qu'une mère
Trahisse à son tour!

2. Deux fois Bernadette
Vient aux lieux aimés;
Deux fois sur sa tête
Les cieux sont fermés.

3. « O dame clémente,
Ne savez-vous pas
Qu'à votre voyante
On livre combats?

4. » Enfant, prends courage
Et bannis l'effroi :
Il faut que l'orage
Eprouve la foi. »

5. » Elle m'est rendue,
Elle reparaît;
Je goûte en sa vue
Un nouvel attrait!

6. » Vision chérie,
Source de douceurs,
Mettez, je vous prie,
Comble à vos faveurs.

7. » On demande un gage
   A votre bonté ;
   Rendez témoignage
   A la vérité.

8. » Que sur cette épine
   Et sous votre pied.
   Une fleur divine
   Pousse à l'églantier ! »

9. Par un doux sourire
   Accueillant ces vœux,
   Elle sembla dire :
   Je donnerai mieux.

10. La fleur éphémère
    Se dessèche et meurt ;
    Le cœur d'une mère
    N'est point cette fleur.

V.

1. « A cette fontaine
   Allez maintenant :
   L'eau dont elle est pleine,
   Voilà mon présent.

2. L'enfant prend sa course
   Vers l'eau du torrent ;
   Un signe à la source
   Ramène l'enfant.

3. Ses doigts de la terre
   Déchirent le sein ;
   D'humide poussière
   Elle emplit sa main.

4. Fontaine de vie,
   Qui peut désormais
   De ton eau bénie
   Compter les bienfaits !

5. Et vous dont la terre
   Admire le don,
   Céleste étrangère,
   Quel est votre nom ?

6. A votre servante
   Qui prie à genoux,
   A votre voyante
   Le cacherez-vous ?

7. Au cœur de sa Mère
   Quatre fois l'enfant
   D'une humble prière
   Fait monter l'accent.

8. Paraît cette fête
   Où de Gabriel
   L'Eglise répète
   L'*Ave* solennel.

9. La beauté rayonne
   D'un nouveau reflet ;
   La Vierge abandonne
   Son dernier secret.

10. A sa bien-aimée
    L'apparition
    De l'Immaculée
    Prononce le nom.

VI.

1. Sainte Messagère,
   Remontez aux cieux ;
   Et de notre terre
   Portez-y les vœux.

2. Vous vouliez du monde,
   Et de tous côtés
   Il vient, il abonde,
   Il est à vos pieds.

3. Salut, ô vallée,
   O trône d'amour,
   Où l'Immaculée
   A pris son séjour !

4. Avec son image,
   Avec ses bienfaits,
   Ta grotte sauvage
   N'est plus sans attraits.

5. La fontaine y coule
Sans jamais tarir ;
Ainsi vient la foule
Sans jamais finir.

6. Pieux sanctuaire,
Tu les vis présents,
De la France entière
Les nobles enfants !

7. Ta voûte sacrée,
Depuis ce grand jour,
De chaque contrée
A vu le retour.

8. Du trône de grâce
On sait le chemin,
Le pèlerin passe
Et passe sans fin.

9. Heureux qui voyage
En ces lieux bénis !
On y prend passage
Pour le paradis.

10. Astre salutaire,
Que votre rayon
Nous mène à la terre
De la Vision.

No 96. — Mois de Marie

Refrain

Mois de Marie, ô mois de l'espérance,
Nous saluons ton soleil et tes fleurs ;
Et vous, ô Mère, à l'Eglise, à la France
En ce beau mois donnez des jours meilleurs.

1. De Jéricho n'êtes-vous pas la rose
De doux parfums embaumant le saint lieu ?
En votre amour notre cœur se repose,
Espérant tout de la Mère de Dieu.

2. N'êtes-vous pas le lis de la vallée ?
N'êtes-vous pas la rose du Carmel ?
N'êtes-vous pas la vierge immaculée,
L'honneur, l'espoir, la force d'Israël ?

3. A vos genoux l'Eglise est en prière ;
Prêtez l'oreille à ses cris déchirants ;
Du haut du ciel, montrez-vous notre Mère ;
Ayez enfin pitié de vos enfants.

Nº 97. — Nos vœux d'amour

REFRAIN

Nos vœux d'amour et d'espérance,
Vierge, s'élèvent jusqu'à vous.
Priez pour l'Eglise et la France,
Priez pour nous, priez pour nous.

1. L'Eglise partout désolée
Attend votre puissant secours.
Marie, ô Vierge immaculée,
Abrégez ces malheureux jours.

2. Veillez toujours sur le saint-père :
Puissent ses maux bientôt finir.
Ah ! rendez-lui, puissante Mère,
La liberté pour nous bénir.

3. A la France, ô Vierge très pure,
Montrez Jésus, le divin Roi ;
Lui seul peut guérir sa blessure,
Lui rendre sa grandeur, sa foi.

4. Nos aïeux vous l'ont consacrée ;
C'est votre royaume ici-bas.
Entre vos bras, Vierge sacrée,
La France ne périra pas !

Nº 98. — Nous avons sur terre

REFRAIN

Ave, ave, ave, Maria,
Ave, ave, ave, Maria.

1. Nous avons sur terre,
Un des mots du ciel,
Qui, dans la prière,
Est comme un doux miel.

2. Aussi c'est un ange
Qui nous enseigna
La belle louange
D'*Ave Maria*.

3. Et c'est une mère
   Qui, sur ses genoux,
   Apprend à la faire
   Sur un ton bien doux.

4. Et l'enfant répète,
   En fidèle écho,
   D'une voix discrète
   Le céleste mot.

5. Toujours Notre-Dame
   Sourit, dans les cieux,
   A toute bonne âme
   Qui dit en ces lieux.

6. Ce mot lui rappelle,
   Le doux souvenir
   D'un Dieu qui, par elle,
   Venait nous bénir.

7. Au ciel, tout résonne
   Du mot vénéré ;
   C'est là que s'entonne
   L'angélique *Ave.*

8. La nature entière,
   En concert joyeux,
   Répond de la terre
   A ce cri des cieux.

9. De sa voix divine,
   Trois fois chaque jour,
   La cloche argentine
   Tinte tour à tour.

10. L'oiseau le murmure
    Aux jours du printemps ;
    L'âme simple et pure
    Le dit en tout temps.

11. Plus de peine amère
    Quand nous le disons ;
    Car c'est une mère
    Que nous saluons.

12. Ton nom, ô Marie,
    Est plein de pouvoir;
    Au cœur, c'est la vie,
    La douceur, l'espoir.

13. Que sans cesse il erre
    De la bouche au cœur,
    Ton nom, tendre Mère,
    Ton nom enchanteur !

14. A l'heure dernière,
    Viens, assiste-moi;
    Puis, de cette terre
    Vite emmène-moi!

15. Quand ta voix bénie
    Me rappellera,
    Qu'expirant, je crie :
    Ave Maria!

N° 99. — Nous que l'amour

1. Nous que l'amour, aux pieds de notre Mère,
   A rassemblés pour la première fois,
   Heureux enfants, dans ce doux sanctuaire,
   Par nos transports saluons ce beau mois.

REFRAIN

Bonne Marie,
Mère chérie,
Souris aux chants
De tes enfants !
Bonne Marie,
Mère chérie,
Bénis ces heureux jours,
Veille sur nous toujours !

2. En sa bonté, que notre espoir se fonde ;
Que tout ici brûle de ses ardeurs ;
Aux chants du ciel que la terre réponde :
Amour, amour à la Reine des cieux !

N° 100. — O bonne et tendre Mère

REFRAIN

O bonne et tendre mère,
Ecoutez ma prière,
Venez, venez toujours, } *bis.*
Venez à mon secours.

1. Je vois à chaque pas
Le signal de la guerre,
Je ne vis sur la terre
Qu'au milieu des combats.
Mais non, je ne périrai pas ;
Marie est mon espérance,
Elle sera ma défense.
Non, non, je ne périrai pas,
Je me jetterai dans ses bras.

2. Le vice me poursuit,
Menaçant ma faiblesse ;
Il m'attaque, il me presse
Et le jour et la nuit.
Mais non, je ne périrai pas ;
Marie, ô douce merveille !
Autour de moi toujours veille.
Non, non, je ne périrai pas,
Je me jetterai dans ses bras.

3. Le monde vient m'offrir
   Ses perfides caresses;
   Par de fausses promesses
   Il cherche à me trahir.
   Mais non, je ne périrai pas;
   Marie est toujours fidèle;
   Tout est bonheur auprès d'elle,
   Non, non, je ne périrai pas,
   Je me jetterai dans ses bras.

4. Aux douceurs du plaisir
   Tout m'invite et m'appelle.
   Ah! ma vertu chancelle!
   Je me sens défaillir.
   Mais non, je ne périrai pas,
   Marie est l'heureux asile
   De l'innocence fragile.
   Non, non, je ne périrai pas,
   Je me jetterai dans ses bras.

5. Des esprits tentateurs
   L'infernale malice
   Me cache un précipice
   Sous un chemin de fleurs.
   Mais non, je ne périrai pas;
   Marie, au ciel, me protège
   Contre ce funeste piège.
   Non, non, je ne périrai pas,
   Je me jetterai dans ses bras.

6. A mes pieds en tremblant,
   Je vois l'affreux abîme;
   Serais-je la victime
   De ce gouffre brûlant?
   Non, non, je ne périrai pas;
   Marie, auprès de son trône,
   M'offre une belle couronne.
   Non, non, je ne périrai pas,
   Je me jetterai dans ses bras.

7. Fiers tyrans de mon cœur,
   Etalez tous vos charmes;
   Lancez sur moi vos armes....
   Mais je serai vainqueur.

Non, non, je ne périrai pas ;
Marie est toute ma gloire ;
Elle sera ma victoire.
Non, non, je ne périrai pas,
Je me jetterai dans ses bras.

N° 101. — O cœur de notre aimable Mère

Saint Cœur de Marie

1. O cœur de notre aimable Mère,
   En vous repose notre espoir,
   Ecoutez notre humble prière,
   Ouvrez-vous pour nous recevoir.

Refrain

Pour nous, dans la sainte patrie,
Implorez le divin Sauveur.
Pour nous, ô saint cœur de Marie,
Soyez l'asile du bonheur ! *(bis)*

2. Sans cesse, hélas ! la mer du monde
   Menace de nous engloutir.
   Contre la tempête qui gronde,
   Ah ! qui viendra nous secourir ?

3. Vous à qui les saintes phalanges
   Offrent un hommage éclatant,
   Ah ! vers nous, envoyez vos anges ;
   Qu'ils domptent le cruel Satan !

4. Brillez, étoile salutaire ;
   Nous errons, craintifs, abattus,
   Que votre céleste lumière
   Nous conduise au cœur de Jésus.

No 102. — O ma Reine, ô Vierge Marie

O Domina mea. Consécration

REFRAIN

O ma Reine, ô Vierge Marie !
Je vous donne mon cœur.
Je vous consacre pour la vie
Mes peines, mon bonheur.

1. Je me donne à vous, ô ma Mère,
   Je me jette en vos bras.
   Marie, exaucez ma prière ;
   Ne m'abandonnez pas. *(bis)*

2. Je vous donne mon corps, mon âme,
   Aujourd'hui pour jamais,
   Marie ; et de vous je réclame
   Un doux regard de paix.

3. Je vous donne toute espérance,
   Tout souhait, tout désir.
   Marie, ah ! consolez d'avance
   Mes peines à venir.

4. Je vous donne la dernière heure
   Du dernier de mes jours.
   Marie, obtenez que je meure
   En vous aimant toujours.

5. Gloire à Jésus, gloire à sa Mère,
   En tout temps, en tous lieux !
   Amour et gloire sur la terre,
   Gloire, amour dans les cieux !

No 103. — O Marie, ô Mère chérie

Catholique et Français

REFRAIN

O Marie, ô Mère chérie !
Garde au cœur des Français la foi des anciens jours ;

Entends du haut du ciel le cri de la patrie ;
Catholique et Français toujours !

1. Au pied de la grotte bénie,
Tombe à genoux, peuple chrétien ;
Et viens demander à Marie
D'être ta force et ton soutien.

2. Vierge de Lourdes, notre égide,
Ton peuple ne veut pas mourir.
Ecrase un ennemi perfide ;
Empêche la foi de périr.

3. Tu le vois, ô Vierge Marie,
La France revient à son Dieu.
Ah ! souris à notre patrie ;
D'être chrétienne elle a fait vœu !

4. Elle accourt vers ton sanctuaire,
Se presse dans tes saints parvis.
Grâce, grâce, ô puissante Mère !
Fléchis le cœur du Dieu ton Fils.

5. Pour le successeur de saint Pierre
Nous voulons aussi te prier ;
Il est notre roi, notre père,
De l'enfer fais-le triompher.

6. Ainsi qu'au grand jour de Lépante,
Où tu foudroyas le Croissant,
Que ton nom sème l'épouvante
Parmi les hordes de Satan.

Nº 104. — O Mère chérie, place-moi

REFRAIN

O Mère chérie,
Place-moi
Un jour dans la Patrie,
Près de toi !

1. Je suis aimé de toi, Mère chérie ;
Ce doux penser fait palpiter mon cœur,

C'est un parfum qui réjouit ma vie,
Et dans l'exil me donne le bonheur.

2. Quand viendra-t-il, ce jour, Mère chérie,
Où je pourrai reposer sur ton cœur?
Je veux du moins, ô divine Marie,
Chanter ton nom pour calmer ma douleur.

3. Dans les ennuis, à mon âme flétrie
Ton nom si cher rend le calme et la paix.
Dès qu'on l'implore, ô puissante Marie,
Le ciel sourit et verse des bienfaits.

N° 105. — O toi, Mère chérie

1. O toi, Mère chérie,
Qui nous aimas toujours,
Pitié pour la patrie
En ces funestes jours.

REFRAIN

Vierge, notre espérance,
Etends sur nous ton bras.
Sauve, sauve la France, } *bis.*
Ne l'abandonne pas.

2. Vois comme dans la France
On ne peut t'oublier;
Comme avec confiance
On aime à te prier.

3. Souviens-toi que la France
En tes aimables mains,
Aux jours de sa puissance,
A remis ses destins.

4. Il est vrai que la France
A courroucé le ciel !
Mais, pour sa délivrance,
Vois-nous à ton autel

5. Nous t'en prions, Marie,
   Désarme le Seigneur.
   Pitié pour la patrie
   Qui t'a donné son cœur !

No 106. — Rassemblons-nous dans ce saint lieu

1. Rassemblons-nous dans ce saint lieu ;
   De nos cœurs offrons tous l'hommage ;
   A la Mère du Fils de Dieu
   Nous voulons être sans partage.

REFRAIN

Chantons, chantons sa bonté, son amour ;
   Elle aime la jeunesse ;
Jurons, jurons de l'aimer sans retour,
   Et de l'aimer sans cesse.

2. Nous venons tous à ses genoux
   Lui jurer l'amour le plus tendre.
   L'aimer, est-il rien de plus doux ?
   Un cœur pourrait-il s'en défendre ?

3. Sur vous est fondé notre espoir,
   Vous guiderez notre jeunesse.
   A vos mains nous voulons devoir
   L'heureux trésor de la sagesse.

4. Puissent nos tendres sentiments
   Vous plaire, aimable protectrice !
   Protégez toujours des enfants
   Engagés à votre service.

5. Rendez-vous sensible à nos vœux,
   Nous vous serons toujours fidèles ;
   Obtenez-nous, Reine des cieux,
   De goûter les joies éternelles.

No 107. — Reine des Cieux

1. Reine des cieux,
   Jette les yeux
   Sur ce béni sanctuaire.
   Et des pécheurs
   Guéris les cœurs,
   Et montre-toi notre Mère.

2. Entends nos vœux,
   Rends-nous heureux,
   En nous donnant la victoire;
   Et pour jamais
   De tes bienfaits
   Nous garderons la mémoire.

3. Mets en nos cœurs
   Les belles fleurs
   Symboles de l'innocence.
   Conserve-nous
   Les dons si doux
   De foi, d'amour, d'espérance.

4. Astre des nues,
   Des flots amers
   Calme la vague écumante.
   Chasse la mort,
   Et mène au port
   Notre nacelle tremblante.

5. Ne souffre pas
   Que le trépas
   Nous surprenne dans le crime;
   Non, ton enfant
   Du noir serpent
   Ne sera point la victime.

6. Si les accents
   De tes enfants
   S'élèvent jusqu'à ton trône,
   Dans ce séjour
   Du bel amour
   Garde-leur une couronne.

7. Accorde-nous
   De t'aimer tous
   Dans la céleste patrie,
   Et d'y fêter
   Et d'y chanter
   L'aimable nom de Marie.

No 108. — Reine du Ciel

Refuge des pécheurs

1. Reine du ciel, vierge Marie,
   O vous, ma patronne chérie!
   De tout mortel qui souffre et prie
   Souvenez-vous, souvenez-vous.

Vous, d'un Dieu virginale Mère,
Qui des cieux rapprochez la terre,
Vous par qui le pécheur espère,
Priez pour nous, priez pour nous.

2. O des élus fleur précieuse !
Rose blanche et mystérieuse !
De l'enfance simple et pieuse
Souvenez-vous, souvenez-vous.
Souvenez-vous de nos misères,
De nos larmes, de nos prières,
Des enfants qui n'ont plus de mères ;
Priez pour nous, priez pour nous.

3. Du pauvre opprimé sans défense,
Du malade sans espérance,
Et du mourant sans assistance,
Souvenez-vous, souvenez-vous.
Reine des saints, Reine des anges,
Recevez-nous dans vos phalanges :
Qu'au ciel nous chantions vos louanges !
Priez pour nous, priez pour nous.

No 109. — Réunissons nos voix

Mois de Marie

REFRAIN

Réunissons nos voix
Pour chanter tous à la fois,
Réunissons nos voix
Pour chanter le plus beau mois.

1. Ce mois, de notre vie
La plus belle saison,
S'appelle avec raison
Le beau mois de Marie.

2. Dans ce mois, la nature
Se pare de ses fleurs ;
La vertu de nos cœurs
Doit faire la parure.

3. Des oiseaux l'harmonie
Qui réjouit ces bois,
Semble inviter nos voix
A célébrer Marie.

4. Entourons son image
Des fleurs de nos hameaux ;
Des verdoyants rameaux
Offrons-lui le feuillage.

5. Pour honorer Marie,
C'est trop peu de nos fleurs ;
Unissons-y nos cœurs ;
C'est le don qu'elle envie.

6. Marie, ô notre Mère,
Protégez vos enfants ;
Rendez-les triomphants ;
En vous leur cœur espère.

7. Aimable protectrice,
En ce mois, en tout temps,
Aux cœurs de vos enfants
Soyez toujours propice.

No 110. — Salut, ô Marie

REFRAIN

Salut, ô Marie !
De grâce remplie,
O fille chérie
Du Dieu créateur !

bis.

1. Seule entre les femmes
Dont les chastes flammes
Offrent à nos âmes
L'Enfant Rédempteur.

2. Que notre prière,
Douce et sainte Mère,
Rende un ciel sur terre
Au pauvre pécheur.

3. Et qu'à l'instant même,
Comme à l'heure extrême,
Si son cœur vous aime,
Il ait votre cœur.

No 111. — Salut, ô Vierge immaculée

1. Salut, ô Vierge immaculée,
Brillante étoile du matin !
Que l'âme, ici-bas exilée,
N'a jamais invoquée en vain.

De tes enfants exauce les prières,
Du haut du ciel, daigne les protéger.
Mère bénie entre toutes les mères,   } *bis.*
Sois-nous propice à l'heure du danger.

2.   Quand, loin de cet aimable asile
De l'innocence et du bonheur,
Où tu sais nous rendre facile
La loi sainte d'un Dieu Sauveur,
Mille ennemis, mille cruelles guerres
Nous rendront lourd ce fardeau si léger.
Mère bénie entre toutes les mères,   } *bis.*
Sois-nous propice à l'heure du danger.

3.   Maintenant, à l'abri du monde,
Notre âme goûte un doux sommeil ;
Mais l'orage, qui déjà gronde,
Lui présage un triste réveil.
Bientôt, hélas ! vers de lointaines terres,
Nous voguerons, timides passagers.
Mère bénie entre toutes les mères,   } *bis.*
Sois-nous propice au milieu des dangers.

4.   Heureux l'enfant qui se confie
En tes maternelles bontés !
Il ne craint ni l'onde en furie,
Ni l'effort des vents irrités.
Autour de lui, des barques étrangères,
Il voit au loin les débris surnager.
Mère bénie entre toutes les mères,   } *bis.*
Tu le soutiens au milieu du danger.

5.   Conduis au port notre nacelle,
Malgré les vents, malgré les flots ;
Préserve-la, Vierge fidèle,
De l'écueil caché sous les eaux ;
Sans ton secours, sans tes soins tutélaires,
La vague, hélas ! viendra la submerger.
Mère bénie entre toutes les mères,   } *bis.*
Sois-nous propice à l'heure du danger.

6.   Veille sur nous, tendre Marie,
Surtout à l'heure du trépas.
Fais qu'en la céleste patrie,
Ton Fils nous reçoive en ses bras.

Quand précédé d'éclairs et de tonnerres,
Avec rigueur il viendra nous juger.
Mère bénie entre toutes les mères,
Sois-nous propice en ce pressant danger. } *bis.*

Nᵒ 112. — Salut, Reine des anges

Refrain

Salut, Reine des anges !
Salut, Reine des cieux !
A vous, honneur, louanges ;
A vous, gloire en tous lieux.

1. Sainte Sion, dévoile ta splendeur ;
Montre-nous la Vierge fidèle.
Qu'elle est brillante ! Qu'elle est belle !
   La Mère du Sauveur !
Rien de mortel n'égale sa grandeur.

2. Vierge Marie, au séjour des élus
Tout s'incline en votre présence.
Les saints, dans un humble silence,
   Admirent vos vertus.
Tout reconnaît la Mère de Jésus.

3. Sur votre front si pur, si glorieux,
Brille la plus riche couronne,
La beauté qui vous environne
   Ravit les bienheureux ;
Et de Dieu même elle charme les yeux.

4. O Séraphins, allez, abaissez-vous
Aux pieds de votre aimable Reine,
Marie est votre souveraine ;
   Allez, à ses genoux,
Lui consacrer vos concerts les plus doux.

5. Mère de Dieu, sur un trône immortel
La céleste cour vous contemple ;
Et nous, dans cet auguste temple,
   Au pied de votre autel,
Nous vous jurons un amour éternel.

Nᵒ 113. — Souvenez-vous

Memorare

REFRAIN

Souvenez-vous, ô tendre Mère,
Qu'on n'eut jamais recours à vous
Sans voir exaucer sa prière,
Et dans ce jour exaucez-nous.

1. Des siècles écoulés j'interroge l'histoire ;
   Pour dire ses bienfaits, ils n'ont tous qu'une voix.
   Verrais-je en un seul jour s'obscurcir tant de gloire ?
   L'invoquerais-je en vain pour la première fois ?

2. Marie, aux vœux de tous prêta toujours l'oreille ;
   Le juste est son enfant, il peut tout sur son cœur ;
   Mais auprès du pécheur, jour et nuit elle veille ;
   Il est son fils aussi, l'enfant de sa douleur !

3. Et moi, de mes péchés traînant la longue chaîne,
   Vierge sainte, à vos pieds j'implore mon pardon.
   Me voici tout tremblant, et je n'ose qu'à peine
   Lever les yeux vers vous, prononcer votre nom.

4. Mais quoi ! je sens mon cœur s'ouvrir à l'espérance ;
   Il retrouve la paix, il palpite d'amour ;
   Je n'ai pas vainement imploré sa clémence ;
   La Mère de Jésus est ma Mère en ce jour.

5. Je n'ai plus qu'un désir à former sur la terre ;
   O ma Mère ! mettez le comble à vos bienfaits :
   Que j'expire à vos pieds et dans ce sanctuaire,
   Si je ne dois au ciel vous aimer à jamais.

Nᵒ 114. — Souvenez-vous

1. Souvenez-vous, Vierge pleine de grâce,
   Que nos revers ont produit vos grandeurs.
   Sans notre chute et sans notre disgrâce,
   Vous n'auriez pas obtenu tant d'honneurs.

REFRAIN

O sainte Mère !
Mon seul espoir ;
Exaucez ma prière,
C'est pour vous un devoir !

2. Souvenez-vous, ô Mère immaculée,
Qu'en proclamant vos titres glorieux,
A l'homme en pleurs dans la triste vallée
L'Ange annonçait des jours moins malheureux.

3. Souvenez-vous, Reine toute-puissante,
Que sur la croix, votre Fils éternel
Vous supplia de sa voix défaillante
De nous ouvrir votre cœur maternel.

4. Souvenez-vous, Reine victorieuse,
Que vous avez triomphé du démon.
Intervenez à l'heure dangereuse,
Assistez-nous dans la tentation.

5. Souvenez-vous, Mère bonne et clémente,
Que le chrétien cherche en vous son secours.
Ne dormez pas au fort de la tourmente,
Protégez-nous maintenant et toujours.

6. Souvenez-vous, Mère compatissante,
Que l'affligé n'a que vous pour appui ;
Réconfortez son âme languissante,
Près de Jésus intercédez pour lui.

7. Souvenez-vous, divine protectrice,
Que le pécheur tombera dans l'enfer,
Si votre voix ne suspend la justice
De votre Fils qui s'apprête à frapper.

8. Souvenez-vous, Mère tendre et chérie,
Que votre cœur ne se ferma jamais.
Pauvre pécheur, à genoux, je vous prie,
Serai-je seul privé de vos bienfaits ?

9. Souvenez-vous, admirable Marie,
Que la vertu de votre bras vainqueur
A de tout temps foudroyé l'hérésie ;
Ne tardez plus à confondre l'erreur.

10. Souvenez-vous, aimable et tendre Mère,
Que les Français sont vos fils premiers-nés.

Ignorez-vous notre longue misère ?
Sommes-nous donc par vous abandonnés ?

11. Souvenez-vous, patronne de la France,
Qu'à vos désirs nos cœurs se sont soumis;
Laisserez-vous plus longtemps en souffrance
Vos pèlerins, vos enfants, vos amis ?

12. Souvenez-vous, sainte vierge Marie,
Qu'entre vos mains nous mettons notre sort.
Priez pour nous pendant toute la vie,
Priez pour nous à l'heure de la mort.

13. Souvenez-vous, noble Reine des anges,
Que par vous seule on entre dans le ciel :
Obtenez-nous de chanter vos louanges,
Dans le séjour du bonheur éternel !

No 115. — Tendre Marie

Consolatrice des affligés

REFRAIN

Tendre Marie,
Mère chérie,
O vrai bonheur
Du cœur !
Ma tendre Mère,
En toi j'espère,
Sois mon secours ⎱ *bis.*
Toujours. ⎰

1. Tout ce qui souffre sur la terre
En toi trouve un puissant secours;
Ton cœur entend notre prière,
Et ton cœur nous répond toujours.

2. Tu nous consoles dans nos peines,
Tu viens à nous dans l'abandon ;
Du pécheur tu brises les chaînes,
C'est toi qui donnes le pardon.

3. Tu viens consoler ceux qui pleurent,
Et tu prends soin des malheureux ;
Tu viens visiter ceux qui meurent,
Et tu les portes dans les cieux.

4. C'est toi qui gardes l'innocence
Dans l'âme des petits enfants ;
C'est toi qui gardes l'espérance
Dans les cœurs flétris par les ans.

5. Je te consacre donc mes peines,
Je te consacre mes douleurs ;
Unissant mes larmes aux tiennes,
Je taris ma source de pleurs.

No 116. — Trop heureux enfants

REFRAIN

Trop heureux enfants de Marie,
Courons entourer ses autels ;
Allons d'une Mère chérie
Chanter les bienfaits immortels.

bis.

1. Vierge, quel éclat t'environne
Au brillant séjour des élus !
Le Très-Haut lui-même couronne
La Reine des vertus.

2. Contre la timide innocence
L'enfer, le monde conjurés
Veulent ravir à ta puissance
Ces cœurs qui te sont consacrés.

3. Toujours menacé du naufrage,
Toujours rejeté loin du port,
Jouet des vents et de l'orage,
Quel sera donc enfin mon sort ?

4. Du sein de la gloire éternelle,
Ma Mère anime mon ardeur.
Si mon cœur lui reste fidèle,
Par elle je serai vainqueur.

No 117. — Unis aux concerts des anges

1. Unis aux concerts des anges,
   Aimable Reine des cieux,
   Nous célébrons, tes louanges
   Par nos chants mélodieux.

   REFRAIN
   De Marie
   Qu'on publie
   Et la gloire et les grandeurs,
   Qu'on l'honore,
   Qu'on l'implore,
   Qu'elle règne sur nos cœurs.

2. Auprès d'elle la nature
   Est sans grâce et sans beauté,
   Les cieux perdent leur parure,
   L'astre du jour sa clarté.

3. C'est le lis de la vallée,
   Dont le parfum précieux
   Sur la terre désolée
   Attira le Roi des cieux.

4. C'est la vierge incomparable,
   Gloire et salut d'Israël,
   Qui, pour un monde coupable,
   Fléchit le courroux du ciel.

5. Pour tout dire, c'est Marie !
   Dans ce nom que de douceur !
   Nom d'une Mère chérie,
   Nom doux espoir du pécheur.

6. Ah! vous seuls pouvez le dire,
   Mortels qui l'avez goûté,
   Combien doux est son empire
   Combien tendre est sa bonté.

7. Qui jamais de sa détresse
   Lui fit entendre le cri,
   Et n'obtint de sa tendresse
   Sous son aile un sûr abri?

8. En vain l'enfer en furie
   Frémirait autour de vous ;
   Si vous invoquez Marie,
   Vous braverez son courroux.

9. Oui, je veux, ô tendre Mère !
   Jusqu'à mon dernier soupir,
   T'aimer, te servir, te plaire,
   Et pour toi vivre et mourir.

N° 118. — Unissons-nous

Saint Nom de Marie

1. Unissons-nous pour fêter notre Mère,
   Et célébrer son nom plein de douceurs.
   Il consacra notre blanche bannière ;
   Avec amour redisons ses grandeurs.

REFRAIN

Honneur et gloire au saint nom de Marie ;
Ce nom suffit à toutes les douleurs ;
Avec le ciel il nous réconcilie,   } *bis.*
Et de l'orage il calme les fureurs.

2. Flotte sur nous, éclatante bannière,
   Conduis au ciel les cœurs que tu défends.
   Nous te suivons : l'image d'une Mère
   Saura toujours attirer ses enfants.

3. Que, répété, le doux nom de Marie,
   Dans ce beau jour (mois), vienne charmer les cœurs !
   Et nous verrons à sa fête chérie
   L'enfer vaincu sous les pieds des vainqueurs.

4. Mère du Christ, que le ciel glorifie,
   De notre cœur garde la pureté !
   La fleur des champs ne sera point flétrie ;
   L'aquilon fuit à ton nom redouté.

5. Vois à tes pieds les enfants du Rosaire ;
   Leurs chants sont purs et leurs fronts radieux.
   Ah ! viens souvent les voir sur cette terre ;
   Près de leur Mère ils sont plus près des cieux.

6. Plaisirs mondains, la pompe de vos fêtes
   Près de Marie a perdu sa splendeur;
   Dans votre sein vous cachez des tempêtes,
   Près de Marie on trouve le bonheur.

7. Viens, ô Marie, à notre heure dernière,
   Et dans le ciel nous serons triomphants.
   Le Rédempteur, à la voix de sa Mère,
   Auprès de lui recevra ses enfants.

N° 119. — Vers l'autel de Marie

Pèlerinage

1. Vers l'autel de Marie
   Marchons avec amour;
   Vierge aimable et chérie,
   Donne-nous un beau jour.

REFRAIN

Donne-nous un beau jour. *(ter)*

Départ

2. On dit que sur notre âge
   Repose ton amour.
   Pour ce pèlerinage
   Donne-nous un beau jour.

3. Souvent, l'ange perfide
   Vient troubler notre amour;
   Vierge, sois notre guide,
   Donne-nous un beau jour.

4. Bientôt dans ta chapelle
   Parlera notre amour;
   Il te sera fidèle,
   Donne-nous un beau jour.

5. La fleur, brillante image
   Du pur et saint amour,
   Nous t'en ferons l'hommage,
   Donne-nous un beau jour,

Retour

2. Ton amour! c'est le gage
   Du bonheur de ce jour.
   Qu'il soit notre partage!
   Donne-nous ton amour.

3. Loin de ton sanctuaire
   Qu'il est de triste jour!
   Contre notre misère
   Donne-nous ton amour.

4. L'enfer de sa furie
   Nous poursuit chaque jour:
   Ah! sauve-nous la vie,
   Donne-nous ton amour.

5. Eh quoi! lâche, infidèle,
   J'oublierais ce beau jour!
   Non, soutiens notre zèle,
   Donne-nous ton amour.

6. Et dans ton sanctuaire,
   Montre-nous ton amour;
   N'es-tu pas notre Mère?
   Donne-nous un beau jour.

6. La vie est un passage.
   Au ciel! au ciel un jour!
   Donne-nous-en le gage,
   Donne-nous ton amour.

No 120. — Vierge sainte, rose vermeille

1. Vierge sainte, rose vermeille,
   Toi dont nous aimons les autels.
   Du haut du ciel, prête l'oreille
   A nos cantiques solennels.
   Tu sais que nous voulons te plaire,
   T'aimer, te bénir tous les jours.
   Vierge montre-toi notre Mère,   } *bis.*
      Toujours, toujours, toujours !

2. Celui qu'écrasa ta puissance
   Veille à la porte de nos cœurs,
   Et pour nous ravir l'innocence,
   Sous nos pas il sème les fleurs.
   Nous pourrions, ingrats, te déplaire,
   Toi qui nous combles de bienfaits,
   Nous, t'oublier, auguste Mère,   } *bis.*
      Jamais, jamais, jamais !

3. Du mondain si l'indifférence
   D'amertume abreuve ton cœur,
   Lors même que dans ta clémence,
   Tu tends les bras à son malheur ;
   Nous, du moins, nous voulons te plaire,
   T'aimer, te bénir tous les jours.
   Vierge, montre-toi notre Mère,   } *bis.*
      Toujours, toujours, toujours !

N° 121. — Voici venir la dernière journée

Adieux à Marie

1. Voici venir la dernière journée;
Nos chants d'amour deviennent des adieux!
Comme une fleur qui s'incline fanée,
Le mois de mai va mourir à nos yeux!
Mais ne crains pas, ô notre bonne Mère,
Qu'avec ce jour s'éteignent nos ardeurs.
Ton mois peut bien s'envoler sur la terre, }
Mais ton amour restera dans nos cœurs. } *bis.*

2. Ton mois nous quitte, ô Marie; il me semble
Voir s'éloigner le bonheur avec lui.
Ah! tes enfants ne viendront plus ensemble
Se réunir vers toi comme aujourd'hui.
Adieu, les jours de commune prière,
Nos frais bouquets, nos hymnes de bonheur!
Ton mois, etc.

3. Nous t'aimerons, c'est la promesse intime,
Que nous t'offrons en te disant adieu!
Et ce serment que notre bouche exprime
Restera dans nos cœurs en traits de feu.
Nous t'aimerons ici la vie entière,
Et puis au ciel, au sein de tes splendeurs.
Les mois, les ans s'enfuiront sur la terre, }
Mais ton amour restera dans nos cœurs. } *bis.*

N° 122. — Vois à tes pieds

1. Vois à tes pieds, vierge Marie,
Tes enfants sur qui, chaque jour,
S'épanchent de la main chérie
Les flots si doux du pur amour,

REFRAIN

Tous heureux dans ton sanctuaire,
Nous revenons célébrer tes bienfaits ;
Crois-en nos cœurs, auguste et tendre Mère,
Nous ne t'oublierons jamais
Non, non, non, non, jamais, jamais, jamais.

2. Le monde de sa folle ivresse
En vain nous offre les douceurs ;
Loin de sa coupe enchanteresse
Une Mère garde nos cœurs.

3. Cent fois, planant sur notre tête,
La foudre a menacé nos jours ;
Quand gronde la noire tempête,
Marie en détourne le cours.

4. Sur nous son regard tutélaire
Toujours repose avec bonheur ;
L'encens de notre humble prière
Attire ses dons, sa faveur.

5. L'enfer en vain frémit de rage,
Et contre nous lance ses traits ;
Marie aide notre courage,
Nous ne succomberons jamais !

6. Vierge, notre douce espérance,
Nous t'en prions, guide nos pas,
Ta main conduisit notre enfance ;
Protège-nous dans les combats !

7. A tes bontés toujours fidèle,
Rends nos ennemis impuissants ;
Daigne nous couvrir de ton aile,
Marie, exauce tes enfants.

Nº 123. — Vous en êtes témoins

1. Vous en êtes témoins, anges du sanctuaire,
De la Mère de Dieu nous sommes les enfants.
C'en est fait, et Marie a reçu nos serments,
Honneur, respect, amour à notre auguste Mère !

REFRAIN

Nous l'avons tous juré, nous sommes ses enfants ;
L'aimer est de nos cœurs le vœu le plus sincère ;
Et les cieux mille fois redisant nos serments,
Comme nous mille fois *(bis)* béniront notre Mère. *(ter)*

2. De puissants ennemis nous déclarent la guerre ;
Je sens mon cœur frémir à l'aspect des combats.
Soutiens-nous, ô Marie : à nos débiles bras
Daigne ajouter l'appui de ton bras tutélaire.

3. Si pour nous enchaîner, des faux biens de la vie
Le monde offre à nos yeux les attraits imposteurs,
Disons-lui, repoussant ses funestes douceurs :
Mon cœur n'est plus à moi, mon cœur est à Marie.

4. L'enfer peut de sa rage exciter la tempête,
Le dragon orgueilleux peut frémir de courroux ;
L'invincible Marie a triomphé pour nous,
Pour nous, du vieux serpent elle a brisé la tête.

5. Ainsi, toujours vainqueurs, si son bras nous seconde,
Et chargés des lauriers dès nos plus jeunes ans,
Toujours nous foulerons sous nos pas triomphants
Les pompes de Satan, les vains plaisirs du monde.

A SAINT JOSEPH & AUTRES SAINTS

Nº 124. — Autour de moi

Patronage

1. Autour de moi gronde l'orage,
   Je vois tout l'enfer conjuré ;
   Mais au sein de son patronage,
   Joseph m'ouvre un port assuré.

   ### REFRAIN
   Devant vous, ange tutélaire,
   Se présente un cœur confiant :
   Joseph, écoutez ma prière,
   Sauvez-moi, je suis votre enfant.

2. Pour garder Jésus et Marie,
   Un juste est choisi par le ciel :
   C'est vous ; le Père vous confie
   L'objet d'un amour éternel.

3. Celui qui commande au tonnerre
   Vous est lui-même obéissant,
   Et vous donnant le nom de père,
   Sur son cœur vous fait tout-puissant.

4. Oui, vous soutiendrez ma faiblesse,
   Car les siècles ont publié
   Qu'en vain la voix de la détresse
   Jamais ne vous a supplié.

5. Vers mon âme pauvre et flétrie,
   Inclinez le cœur de Jésus :
   Comblez le vide de ma vie
   Par le trésor de vos vertus.

6. Quand sonnera l'heure dernière,
   Vous viendrez me fermer les yeux,
   Joseph ! et dans vos bras de père,
   Vous m'emporterez dans les cieux !

Nº 125. — Noble époux de Marie

REFRAIN

Veille sur tes enfants. *(ter)*

1. Noble époux de Marie,
   Digne objet de nos chants,
   Notre cœur t'en supplie,
   Veille sur tes enfants.

2. Le Sauveur sur la terre
   Reçut tes soins touchants ;
   Toi qu'il nomma son père,
   Veille sur tes enfants.

3. Témoin de sa naissance,
   Et de ses jeunes ans,
   Gardien de son enfance,
   Veille sur tes enfants.

4. Au jour de la colère,
   Tu ravis aux tyrans
   Le Sauveur et sa Mère ;
   Veille sur tes enfants.

5. Toi dont l'obéissance,
   En ces dangers pressants,
   Devint leur providence,
   Veille sur tes enfants.

6. Toi dont la main féconde
   A nourri si longtemps
   Le Créateur du monde,
   Veille sur tes enfants.

7. Toi dont la main fidèle
   Soutint les pas tremblants
   De la force éternelle,
   Veille sur tes enfants.

8. Loin de ce sanctuaire
   Ecarte les méchants ;
   Montre-toi notre père,
   Veille sur tes enfants.

Nº 126. — Saint époux

1. Saint époux d'une vierge-mère,
   Qui nous adopta pour enfants,
   Vous êtes aussi notre Père,
   Vous en avez les sentiments.

REFRAIN

Puissant protecteur de l'enfance,
Bienheureux gardien de Jésus,
Obtenez-nous son innocence,
Faites croître en nous ses vertus.

2. Qu'il est beau, qu'il est plein de grâce,
Ce lis qui brille dans vos mains!
Sa céleste blancheur efface
La couronne de tous les saints.

3. O chef de la famille sainte,
Saint patriarche, ô noble époux!
Joseph, ouvrez-moi cette enceinte,
Où mon Dieu vécut avec vous.

4. Vous nous direz comment on l'aime,
Comment il reçoit notre amour,
Comment pour sa beauté suprême
Tout cœur doit brûler chaque jour.

5. Vous nous apprendrez son silence,
Sa douceur, son humilité,
Son admirable obéissance
Et son immense charité.

6. Jésus, dès sa première enfance,
Partage, adoucit vos travaux.
Dans tous les miens, que sa présence
Me soit de même un doux repos.

7. Jésus à vos soins s'abandonne,
Je me confie en votre cœur;
Marie est déjà ma patronne,
Soyez aussi mon protecteur.

8. Daignez, tous les jours de ma vie,
Veiller sur moi, me secourir;
Et qu'entre Jésus et Marie,
Comme vous, je puisse mourir.

Nº 127. — Saint Joseph, de votre puissance

REFRAIN

Saint Joseph, de votre puissance
Nous espérons l'appui dans ces malheureux jours.
Qu'il monte jusqu'au ciel, ce cri de l'espérance : } *bis.*
Saint Joseph, à notre secours !

1. L'enfer déchaîné sur la terre
   Redouble sa rage et ses coups ;
   Défendez-nous dans cette guerre,
   Contre lui combattez pour nous.

2. « Avec Dieu, disent les impies,
   Il faut en finir à jamais. »
   Ils blasphèment dans leurs folies
   Et sa puissance et ses bienfaits.

3. Vous êtes patron de l'Eglise :
   Contre la fureur des méchants
   La garde vous en est commise ;
   Ah ! conservez-lui ses enfants.

4. Du Christ regardez le vicaire,
   Si grand, si ferme en ses revers !
   Et que votre bras tutélaire
   Le délivre et brise ses fers !

5. Souvenez-vous que notre France
   De l'Eglise fut le soutien,
   Et qu'elle est encor l'espérance
   Du pape et du monde chrétien.

6. Pour Rome donc et pour la France
   Nous implorons votre secours ;
   Armez-vous pour leur délivrance ;
   Sauvez-les ! gardez-les toujours !

N° 128. — Soyez béni

1. Soyez béni ; car Dieu sur cette terre
De votre toit voulut faire le sien.
Il vous nomma du tendre nom de père ;
De l'Enfant-Dieu vous fûtes le soutien.

REFRAIN

Notre espérance
Repose en vous.
Montrez votre puissance ; } *bis.*
Joseph, protégez-nous.

2. Nos faibles cœurs sont poursuivis sans cesse
Par le démon et le monde en fureur.
Que pouvons-nous ? Ah ! dans notre détresse,
Soyez, Joseph, notre libérateur.

3. Comme Jésus, aux jours de son enfance,
Pour nous guider nous prenons votre main.
Dans le danger soyez notre défense,
Et du salut montrez-nous le chemin.

4. Obtenez-nous de l'aimer sans partage,
Ce Dieu caché travaillant avec vous.
Sur nos autels il vient, divin otage,
Pour s'immoler et pour vivre avec nous.

5. Obtenez-nous, à notre heure dernière,
D'être assistés par Marie et Jésus.
A leur amour joignez votre prière,
Pour nous conduire au séjour des élus.

No 129. — Devant vous, esprits angéliques

Saints Anges

1. Devant vous, esprits angéliques,
En chœur nous venons à genoux
Redire dans nos saints cantiques :
O saints anges, priez pour nous ! *(ter)*

2. Vous qui brillez à la couronne
Du Dieu qui nous a créés tous
Et dont l'éclat nous environne,
O saints anges, priez pour nous !

3. Vous dont les lèvres enflammées
Répètent ce refrain si doux :
Saint, saint, saint, le Dieu des armées,
O saints anges, priez pour nous !

4. Vous qui, dans la céleste plage,
Du Dieu qui se révèle à vous
Contemplez le front sans nuage,
O saints anges, priez pour nous !

5. Vous que Jacob, fuyant son frère
Dont il redoutait le courroux,
Vit sur l'échelle du mystère,
O saints anges, priez pour nous !

6. Vous qui du Dieu de la clémence,
Fait homme pour nous sauver tous,
Avez révélé la naissance,
O saints anges, priez pour nous !

7. Vous qu'on vit, comme la colombe
Quand Jésus, le divin époux,
Sortit triomphant de la tombe,
O saints anges, priez pour nous !

8. Vous qu'on vit quand, près de son Père,
Il prit place au milieu de vous,
Brillants d'une pure lumière,
O saints anges, priez pour nous !

9. Vous qui sans cesse au Dieu suprême,
Comme le parfum le plus doux,

Offrez les vœux du cœur qui l'aime,
O saints anges, priez pour nous !

10. Vous qui tressaillez d'allégresse
Lorsque Dieu, calmant son courroux,
Témoigne au pécheur sa tendresse,
O saints anges, priez pour nous !

11. Vous qui chaque jour, de nos âmes
Combattez l'ennemi jaloux,
Esprits d'amour, esprits de flammes,
O saints anges, priez pour nous !

12. Vous qui paraîtrez avec gloire
Quand Dieu viendra nous juger tous ;
Vous qui chanterez sa victoire,
O saints anges, priez pour nous !

Nº 130. — Sainte Anne, ô bonne Mère !

Sainte Anne

REFRAIN

Sainte Anne, ô bonne Mère !
Reçois nos humbles chants ;
Entends notre prière
Et bénis tes enfants.

1. Pour montrer à la terre
Que nous croyons au ciel,
Notre famille est fière
D'entourer ton autel.

2. Quand l'erreur se déchaîne
Pour vaincre notre foi,
Puissante Souveraine,
Nous espérons en toi.

3. Protège le saint-père
Dont le cœur humble et grand
Souffre sur le Calvaire
Comme Jésus mourant.

4. Fais que la sainte Eglise
Répande en liberté
Sur la terre soumise
L'auguste vérité.

5. Rends à la noble France
Sa gloire d'autrefois ;
Fais grandir sa puissance
A l'ombre de la croix.

6. Que le monde redise
En tout temps, en tout lieu :
La fille de l'Eglise
Est le soldat de Dieu.

7. Que le pauvre village
Et les riches cités
Sous ton doux patronage
Soient toujours abrités.

8. Ta Fille immaculée,
Reine au divin séjour,
A notre âme troublée
Sourit avec amour.

9. Dis-lui notre misère,
Afin que sa bonté
Fléchisse la colère
De Jésus irrité.

10. O sainte Anne, ô Marie,
Nos vœux montent vers vous ;
Sauvez notre patrie ;
Priez, priez pour nous.

N° 131. — Ange si pur

Saint Louis de Gonzague

1. Ange si pur que l'amour à la terre
Ravit sitôt pour t'emporter aux cieux,
Aimable saint, cher à l'aimable Mère,
Daigne écouter mes hymnes et mes vœux.

REFRAIN

Prends ma défense,
Doux protecteur,
De force et de vaillance
Arme toujours mon cœur.

2. Dieu de tes ans accepta les prémices ;
Dieu dans ton cœur mit l'amour de sa loi ;
Dieu te choisit, Jésus fit tes délices ;
Puissé-je aimer mon Jésus comme toi !

3. Va, monte au ciel, doux ange qu'à la terre
Le Tout-Puissant daigna prêter un jour ;
Va, monte au ciel où t'appelle une Mère
Pour te presser sur son cœur plein d'amour.

4. Mais, ô Louis, de la sainte Patrie
Vois ici-bas ton frère dans les pleurs !
Toi qui peux tout sur le cœur de Marie,
Sur tes amis appelle ses faveurs.

5. Et puis, un jour, qu'au céleste rivage,
Grand saint Louis, ô puissant protecteur !
De mon Jésus avec toi je partage
L'amour si doux et l'éternel bonheur.

TABLE DES MATIÈRES

AU SACRÉ CŒUR DE JÉSUS

NOËL

PASSION

A LA SAINTE VIERGE

A SAINT JOSEPH

SAINTS ANGES

SAINTE ANNE

SAINT LOUIS DE GONZAGUE

BESANÇON. — IMPR. ET STÉRÉOT. DE PAUL JACQUIN.